KB071586

아동·청소년을 위한

창조적 치료기법

－미술 활동을 중심으로－

Angela Hobday · Kate Ollier 공저 | 임호찬 · 최금란 공역

학지사

역자 서문

　기술 및 정보사회로 접어들면서 모든 분야에서 혁신의 바람이 불고 있다. 심리학 분야도 예외는 아닌데, 심리검사 분야는 특히 컴퓨터 기술과 융합되면서 신경심리검사라는 새로운 장을 열어 가고 있다. 객관적 사실인 신경반응이 행동 변화로 직접 연결되는 것은 아니지만, 그 과정에서 매개변인을 찾아 규명하는 것이 핵심이 될 것이다.

　어떻게 사람의 행동을 보다 적응적으로 변화시킬 수 있는가? 시간이 지나면 누가 잘 적응했고, 누가 잘 못 적응하고 살아왔는지 알 수 있다. 심리치료 분야는 한 인간의 행동의 결과를 객관적 검사방법으로 예측하여서 현재의 행동을 변화시켜 미래에 더 적응적인 인간으로 변화시키는 것에 목적을 둔다.

　여기서 객관적 상담이란 무엇인가? 증거에 기반한 상담(Evidence-Based Therapy: EBT)이란 내담자의 생각이 바뀌어 그것이 행동으로 연결될 것이라고 말할 수 있는 근거를 찾는 것이다. 이에 객관적 변화라고 볼 수 있는 증거로 전통적인 상담방법에서는 언어 내용을 근거하여 '통찰' '문제인식' '공감' 등을 열거하고 있다. 최근에 생성된 예술치료 분야는 언어 내용이 아니라 심상 내용을 근거로 '긍정적 지각' '크기 증가' '색채 변화' '장난감 변화' 등으로 인지의 변화를 추측한다. 인지의 변화가 무의식적 변화를 의미하지는 않지만, 무의식은 객관적 증거를 찾기가 어렵기 때문에 지각 및 인지수준의 변화를 객관적 변화의 출발로 간주한다.

이 교재는 미술기법을 활용해서 인지수준에서 내담자의 변화가 일어날 수 있도록 활용할 수 있다. 미술은 객관적인 흔적이 남기 때문에 내담자의 지각과정과 인지과정을 보다 잘 대조할 수 있고, 내담자의 자각을 촉진할 수 있다. 말과 행동을 일치시키기는 매우 어려운데, 그러한 경향은 나이가 어릴수록 더 강하게 나타난다. 그런데 부모는 그 말을 믿고 싶어 하고, 자녀가 말한 대로 행동할 것이라고 기대한다. 말은 쾌락을 추구하기 위한 임시방편일 경우가 많기 때문에 그 핵심을 잘 이해해야만 좋은 부모, 전문적인 상담자가 될 수 있을 것이다.

무엇으로써 말이 행동으로 연결될 것이라고 예측할 수 있는가? 이를 위해서는 객관적인 증거가 필요하다. 현대 상담은 지각변화, 인식변화, 행동변화까지 추적할 것을 필요로 한다. 이런 상황에서 미술치료는 증거에 기반한 상담기법 혹은 매체로 주목받고 있고, 그 활용도는 점점 더 증가할 것이다.

이 책은 인지행동지향적인 치료기법을 주로 활용하였고, 임상장면에서 바로 적용할 수 있는 여러 기법을 소개하고 있다. 이 책이 상담기법의 융합 과정에 도움을 줄 수 있기를 기대한다.

2016년 8월

임호찬, 최금란

서 문

아이는 어른의 축소판이 아니다. 또한 모든 아이가 다 같지는 않다. 아이들의 나이, 성별, 사회적 환경이 다 다른 것처럼, 그들이 생각하고 느끼고 행동하는 방식 또한 다르다. 아이와 치료할 때, 우리의 치료법을 아이 각각의 특징에 맞추는 것은 필수적이다. 특히 발달 단계의 아동에게 우리의 치료법을 적용하는 것과 인지적·사회적·감성적으로 발달 단계에 있는 아동을 만나 보는 것은 꼭 필요한 일이다. 하지만 이것은 실천하기 쉽지 않다. 너무도 흔히 우리는 아이들이 마치 똑같이 재단된 옷 혹은 '쿠키 틀'인 것처럼 치료에 접근하는 실수를 범한다. 그리고 우리는 함께하고 있는 아동 각각의 발달의 중요성과 전후 사정의 측면을 무시한다. 이러한 습관은 아동과 그 가족이 치료에 불만족하게 하며, 효과마저 없을 경우 치료 자체가 지루해지는 결과를 초래한다. 책임과 경험이 치료를 뒷받침하는 이 시대에 우리는 진정으로 발달에 적합하면서도 효과적인 치료를 형성하도록 노력해야 한다. 이것이 매우 어려운 과제임에도 말이다.

저자는 여러분이 (아이와 청소년에게 사용하는 독창적인 활동에서) 치료행위의 호스트로서 아동의 발달에 적합한 치료전략을 정의하고 사용하는 데 보다 쉽게 접근하는 법을 제시한다. 제시된 게임과 활동은 직관에 호소하고, 발달적으로 세심하며, 저자의 임상실습의 전면에서 발전되어 온 것이다. 그러나 적어도 현재까지는 그들이 강조하는 치료법의 결과를 입증하는 것에 대해 더 널리 연구하지는 않왔다. 이것은 끝맺어야 할 일로 남아 있다. 중요한 것은, Angela Hobday와 Kate Ollier는 우리에게 도움이 될 치료상의 양식이 될 만한 것을 제공해 왔다. 이 활동을 사용 및 평가하는 것과 그들의 경험에 의한 가치를 정의하는 것은 여러분에게 달려 있다.

이 창조적인 활동은 이론적인 신념을 지닌 모든 치료사와 모든 연령의 아이를 위한 것을 담고 있다. 인지행동 치료사인 나에게 매력적인 활동을 몇 가지 찾아냈다. 몇 개를 나열하자면, '소용돌이(4장)' '끔찍한 뱀과 마음에 드는 사다리(5장)' '명확한 사고(6장)' '스스로 대화하기(6장)' '전투(6장)' 등이 있다. 그러한 매력적인 제목과 함께, 독자는 다양하고 호감이 가는 활동을 개발하기 위한 창조적이고 임상적인 감각을 상상할 수 있다.

한 가지 주의를 하겠다. '이 책에 대하여'에서 Hobday와 Ollier는 이 책에 전적으로 의지하지는 말라고 우리에게 경고한다. 그들은 당신의 전체적인 치료상의 접근이 올바르고 견고한 기초 위에서 행해지지 않는다면, 창조적인 치료법과 흥미로운 활동은 아이의 문제를 해결하지 못할 것이라고 단언한다. 나 또한 이 말에 전적으로 동의한다. 우리는 이 책을 수단으로 보아야 한다. 내가 한 가지 보증하는 것은 이 책이 경험적으로 지지를 받고 있는 치료법을 다른 것으로 대체하는 것이 아니라, 그것을 더욱 '강화'시킬 것이라는 점이다. 이 책은 현 치료상의 설비에 있어서 환영할 만한 손님이다.

미국 버지니아 블랙스버그

버지니아공대 심리학부

아동연구센터

Thomas H. Ollendick 박사

이 책에 대하여

　아동·청소년과 함께하는 창조적인 치료는 이해하기에 매우 까다로울 수 있다. 그래서 아마도 견습 중인 임상심리학자는 아동에게 사용하는 이 활동 모음집을 찾게 되어서 기뻐하거나 안도하고 있을 것이다. 우리는 다른 분야의 많은 전문가, 이를테면 사회사업가를 포함하여 상담사, 방문 간호사, 교사 등을 만나 왔는데 그들 역시 이 활동 모음집에 관심을 가지고 있었다. 우리는 이 활동을 작업 중에 자주 사용하면서 새로운 아이와 새로운 환경에 끊임없이 적용시킨다. 그들은 활동을 즐기며 마음을 열기 시작하고, 새로운 방식으로 그들의 문제에 진전을 보인다. 치료사, 아동연구원 또한 즐거움을 느낀다. 활동을 사용하는 것은 새로운 아이디어를 떠올리게 하여 더욱 창조적인 치료법으로 이끌어 가게 한다.

　이 책에 실린 활동은 수년에 걸쳐 발전되어 왔다. 아동이 자신의 문제나 기분을 논의하는 것에 어려움을 겪을 때, 활동은 거의 필수적이기 때문이다. 주어진 활동은 매우 단순한 아이디어(치료사들의 경험에 의해 이미 잘 알려진)에서부터 좀 더 복잡하고 혁신적인 활동으로까지 폭넓다. 우리가 이 책에 소개된 다양한 활동을 고안하는 동안 가끔 외부의 소재로부터 영감을 얻기도 했다(예를 들어, 여러분 중 몇몇은 '정복하는 군인(6장)'이 오랜 베스트셀러에 기반을 두었다는 사실을 깨달았을 것이다).

이 책의 종합적인 목표는 치료의 창조성을 장려하고 아동의 변화를 촉진하기 위한 대화를 보조하는 것이다. 이 자료는 넓고 다양한 주제를 다루고, 아이와의 개별적인 작업 및 가족을 위한 활동을 포함한다. 몇몇의 자료는 단체 활동에서도 유용하게 쓰인다. 활동은 각 아동의 필요에 딱 맞는 다양한 접근법을 지원하는 치료 도구로 사용되도록 고안되었다. 그것은 평가 및 다른 방법을 통해 치료와 함께 사용된다. 예를 들면, 보호자 면접 또는 '인지행동치료' 와 같은 문서화가 잘 된 심리학적 접근이 있다.

책 전반에 걸쳐 우리는 '보호자' 라는 단어를 아동 혹은 청소년을 돌보는 사람이면 누구든, 부모, 조부모 혹은 기타 아동을 도와주는 사람을 가리켜 사용했다. 이것은 읽기를 쉽게 하기 위함이다. 모든 활동은 여자아이와 남자아이 모두에게 적용할 수 있다. 여러분이 교구를 아동에게 적용하는 규칙을 잘 따른다면 여러분은 적절한 발달 단계에 도달한 아동에게 대부분의 활동을 사용할 수 있다는 것을 알게 될 것이다.

치료상의 접근법

임상심리학자로서 우리가 해야 할 일은 주로 인지요법과 건설적인 행동기법에 입각해 있다. 비록 우리가 아동 혹은 가족의 요구에 맞는 다른 접근 방식(이를테면 가족치료법)을 차용하더라도 말이다. 창조적인 치료사는 사용 중인 치료상의 접근법이 무엇이든 간에 많은 활동을 만들어 낼 수 있어야 한다.

여러분은 이 책에서 보상의 기능을 현저히 보게 될 것이다. 몇몇 보호자는 보상을 하는 것에 반대한다. 그들의 자녀를 '매수' 하고 싶지 않다는 이유에서다. 우리는 그들에게, 뇌물은 잘못된 일에 쓰이지만 보상은 건전한 노력 후에 얻게 되는 것이라고 다시 한 번 강조한다. 보상은 한 번 주고 나서는 빼앗지 않는 것이 좋다 (스티커 붙이기에서조차도). 만약 아동이 스티커를 모으지 못했다고 해서 검은 마크나 검은 스티커를 주는 것으로 혼란스럽게 하거나 처벌을 해서는 안 된다. 보상의 목표는 아이가 스스로에게 좋은 감정을 갖도록 도와주고 그들을 긍정적이고 건설적인 길로 이끌어 주는 것이다.

이 책의 활용법

각 활동은 아동의 필요 혹은 활동의 목적에 따라 분류되어 있고, 각 장 단위로 묶여 있다. 여러분을 돕는 보조물로 아동 혹은 가족의 문제를 이해하기 시작하는 1장 '너를 알아 가다'부터 일부 항목들은 여러분의 초기 평가에 활용할 수 있다. 분명 여러분은 가족의 세부사항, 아동의 이력, 가족 간의 어떤 트라우마, 그 문제에 대한 보호자의 정의(또한 아동의 정의), 문제의 원인에 대한 보호자의 판단, 시도에 그친 해결책을 알 필요가 있다. 여러분이 상황에 대한 전체적인 이해를 했을 때에야 비로소 알맞은 치료상의 접근법을 선택할 수 있고, 그 문제를 보완하기 위해 책 속의 자원을 사용할 수 있다. 또한 평가는 여러분이 제공하는 서비스로 친밀감을 형성하고 가족 정보를 제공받기에 좋은 시간이다.

여러분의 초기 평가부터 아이의 문제 원인에 대한 추측이 가능해야 한다. 그 근거를 토대로 치료를 하고, 효과적인 변화를 위해 당신이 도울 방법을 결정하라. 여러분이 취하게 될 치료상의 접근법은 분명 여러분의 특정한 기술과 함께 아동과 가족의 필요에 달려 있다. 여러분의 치료에 대한 목표(예를 들어, 불안감을 다스리는 요령을 가르치는 것)를 세우고 그에 따른 회기를 계획하라. 아이의 능력의 정도와 속도에 따라 유연하게 대처할 수 있어야 한다. 모든 명작동화가 그러한 것처럼, 여러분의 치료는 시작, 중간, 결말이 필요하다. 여기서 시작은 평가를 하는 것이고, 중간은 치료에 착수한 시기이며, 결말은 진행사항에 대한 검토다. 이 모든 과정은 똑같이 중요하다.

여러분이 어려움의 원인을 이해하고 그것에 대해 어떻게 접근할 것인가 계획하기 시작하면, 여러분은 이 책의 각 장과 찾아보기에서 알맞은 활동을 찾게 될 것이다. 각각의 활동 목표는 여러분의 결정을 도울 수 있도록 명확히 제시해 두었다. 원칙적으로 아동이 이해할 수 있도록 가장 간단한 활동부터 시작하거나 감정을 자극하는 요소가 최소화된 활동부터 시작한다.

여러분이 책에 소개된 활동을 본인만의 활동을 설계하는 출발점으로 이용해 주기를 희망한다. 주어진 과업을 아동의 취향에 맞추는 노력을 해 보라. 예를 들어, 축구에 푹 빠져 있는 10살 아동을 위해 '전투(6장)'를 축구경기로 각색한다면 더 좋은 효과를 얻을 것이다. 몇몇 활동은 변형되어 있는데 여러분이 이것을 사용할 때에는 그 활동의 기본 형태(basic activity)에 관한 지시사항을 반드시 읽어야 한다. 공통적으로 모든 지침은 '방법'의 주요 설명에 나타나 있기 때문이다. 각 활동 끝에서 여러분은 유사한 문제에 알맞은 다른 활동의 목록을 찾을 수 있다.

아동과 가족을 위해 계획한 치료를 진행하면서 여러분은 더 많은 정보를 얻게 될 것이다. 이 새로운 정보로 여러분이 취하고 있는 방향을 재평가해 보고, 여전히 효과적인 변화를 위한 최고의 접근법을 사용하고 있는지를 다시 한 번 확인해 보라. 달라진 것이 있다면 이를 기록하여 보관하라. 그리고 정기적으로 기존에 했던 당신의 평가를 점검하라. 여러분은 계속해서 아동의 요구에 맞추어 활동의 선택을 조정해야 한다.

마지막으로 여러분이 발전시킨 것을 점검하라. 10장에 있는 활동은 그 목적에 용이하게 사용될 것이다. 점검을 목적으로 하여 적용할 수 있는 다른 활동은 표시된 장을 참고하면 된다. 아동의 변화를 확인하는 데 아동과 이미 했던 초기 평가 활동의 일부를 반복해 보는 것도 유용하다.

아동의 발달과 나이

각 자료에는 대략적인 연령대가 표시되어 있다. 하지만 이것은 아동의 능력에 따라 결정되어야 한다. 제시된 연령대는 지침으로만 사용하도록 하고, 많은 활동이 변형되어 나이가 더 적거나 많은 아동에도 맞춰질 수 있음을 기억하라. 발달 단계에 관련된 다음의 지침서는 작업 중인 아동이 현재의 과업을 감당할 수 있는지를 판단하는 데 도움이 될 수 있다(더 많은 이해를 위해서는 Fahlberg, 1994, 2장의 발달 단계의 묘사를 참고). 모든 아이는 서로 다르므로 다음의 지침서는 분류된 연령대에 속한 아동의 일반적인 발달 수준을 대략적으로 나타낸 것이다.

여러분은 정서적 발달에 관련된 정보를 가지고 보호자가 아동이 느끼고 행동하는 것에 대해 이해하도록 도울 수 있다.

출생~만 3세

어린아이는 그들의 양육자에게 매우 의존적이고, 언어적 발달이 완벽히 이루어지지 않았다. 이 연령대를 위한 치료를 위해서는 일반적으로 그들의 보호자가 훈련과 교육을 받게 된다. 그리고 보호자의 학대/방치 혹은 아동의 폭로를 통해 가족문제의 정보가 제공되는 경우를 제외하고는 이러한 어린아이가 홀로 치료를 받는 경우는 비교적 드물다. 이 책에 포함된 활동은 연령대의 능력에 상관없이 상호작용을 필요로 한다.

만 3~4세

이 나이의 대부분의 아동은 1,000~1,500개의 단어를 알고, 포괄적인 질문을 이해하기 시작하고, 이에 대답도 할 것이다. 아동은 점차로 자신의 독립성을 보이기 위해 성질을 부리기보다는 단어를 사용한다. 이들의 의사소통과 이해의 수준은 간단한 거래를 할 수 있고 일반적인 질서를 지킬 수 있다는 것을 의미한다. 아동은 앞의 기술을 사용할 수 있는 간단한 놀이를 즐거워한다. 이 연령대의 아동은 치료에서 즐거움을 찾으며 정직의 필요성을 인식하지 못할 수 있음을 알아두라.

만 3~4세의 아동은 보통 '기쁨' '슬픔' '분노'와 같은 간단한 감정을 이해할 수 있다. 하지만 분노에 대해서는 '성질을 부린다'와 같은 예를 들어 주어야 할 것이다. 이 나이의 아동은 공유하기 시작하고 다른 아이들과 무리 지어 놀기 시작한다. 아동은 보육시설에 가게 되면서 분리로 인한 어려움을 겪음에도 불구하고 대부분 안정할 수 있게 되며 그러한 환경에 자신감을 갖게 된다. 임상 환경에서 이 연령대의 아동은 원한다면 안정을 위해 자신보다 나이가 많은 형제자매 혹은 부모님 중 한 쪽이 함께할 수도 있다.

만 4~5세

대부분의 만 4~5세 아동의 언어에서는 단어 사용이 더욱 확장된다. 이들은 "장난감을 박스에 넣어 선반 위에 두어라." 와 같은 2단계 혹은 3단계의 명령을 따를 수 있다. 이들은 상대편을 이해할 수 있고 질문을 광범위하게 사용할 수 있다. 이제 자신의 만족을 찾기 시작한 이 나이의 아동에게 통제란 쉬운 일이 아니다. 그리고 그것은 아동을 따지기 좋아하는 성격으로 만들 수도 있다. 이 나이의 아동에게 상상력은 매우 중요하며, 아동은 자신이 모두 이해하거나 완벽하게 농담을 할 수 없더라도 놀이에서의 유머를 즐긴다. 그들은 지금도 기발한 이야기를 하고 있을지 모른다.

일단 아동이 학업을 시작하면 그들의 경험은 확장되고, 한동안 모든 변화에 대처하기 위해 무척 애를 쓸 것이다. 이것은 그들로 하여금 권위적이고 신체적인 공격성을 비롯한 비협조적인 행동방식을 초래할 수도 있다.

만 6~8세

이때부터 아동은 매우 활동적이게 된다. 일종의 꿈틀거리는 시기인데, 좌절감이 증폭했다가 때로는 더 어린 아이처럼 행동하기도 하고 생떼를 쓰기도 한다. 6세 아동은 감정이 극에서 극으로 그네를 타는 듯하다. 이러한 이유로 그들은 활동의 시작 단계에서는 열정을 보이나 어른들의 격려 없이는 지속하기 힘들다. 아동이 이전의 습관을 고친 것 같더라도 그들이 신체적인 친밀감을 원하는 한 많은 경우 꼭 껴안고 있을 수 있는 장난감을 원하거나 엄지손가락을 빨던 습관으로 되돌아가게 된다. 학교에서 아동은 일반적으로 작은 물건을 '발견' 하면 남의 것이라도 가져가는 것이 다반사다. 이 나이의 아동은 사람의 이름을 큰 소리로 부르고, 말로 공격하는 경향이 있다. 그들은 간혹 동물에게 잔인하게 굴면서 주변의 반응이 어떤 방식으로 돌아가는지 전반적으로 탐구하기도 한다. 일반적으로 이 연령대의 아동은 여러분의 치료를 이해하고 프로그램을 따라갈 수 있다.

보통 집중력은 만 7세 때부터 향상된다. 이는 아동이 치료 프로그램의 준비와 진행에서 더 많은 참여를 할 수 있다는 것을 의미한다. 그들은 집중력을 높이는 법을 배우면서 활동에 더욱 몰두한다. 어른을 무시하고 있다는 느낌을 받을 만큼 말이다. 아동은 여전히 잘 잊어버리고, 어른에게 의존한다. 갈등을 해결하거나 긴장을 줄이기 위해 결국에 싸우고 마는 7세 아동에게 강한 감정을 제어하는 일은 여전히 어렵다. 이 연령대의 아동은 화가 나거나 속상한 상태에서는 그들의 기분을 설명하지 못한다. 아마 좀 더 시간이 흐른 후에 가능할 것이다. 그들은 보통 게임에서 지는 것에 미숙하고 가끔 부정행위도 한다. 하지만 정당한 대결의 감각을 익혀 나가기 시작한다.

만 7세 아동은 다른 사람의 입장을 이해할 수 있다(설명을 들었을 경우에). 그래서 자신의 행동이 남에게 어떤 영향을 미칠지 알 수 있다. 7세는 보통 '탈출구(6장)' 와 같이 다른 사람이 어떻게 반응하는지를 보는 기술이 필요한 활동을 시작하는 가장 어린 나이다.

만 8세 아동은 많은 부분에서 보다 안정된 모습일 수 있다. 그들은 기뻐하거나, 까불거나, 뽐낼 수 있고, 당신과의 작업을 양심적으로 할 것이다. 보통 이들은 다른 아이를 비난하거나 화가 날 수 있겠으나, 그래도 그룹 활동을 잘해 낼 수 있다. 이 시기의 아동은 보통 시간의 진행을 이해하기 시작한다. 만 8세는 '과거, 현재, 미래(10장)' 와 같은 활동을 하게 되는 가장 어린 나이다. 그들은 또한 주먹으로 대응하는 일을 줄이면서 마음을 다스리는 법을 익히게 된다. 또한 이 나이에는 일반적으로 독립심이 더욱 커진다.

만 9~10세

만 9세가 되면 아동은 먼저 계획을 세우기 시작한다. 이것은 수집과 같은 취미로 연결된다. 또한 판타지게임에 대한 흥미가 줄어든다. 이 나이의 아동은 또래 집단에게 받는 사회적 압박에 반응할 것이며 그룹 활동에 협동적으로 임할 수 있다. 그렇지만 이들은 같은 성별의 집단을 선호하기 때문에 혼성 그룹으로 작업하기는 어렵다. 스포츠와 같은 활동에 대한 흥미가 높아지지만 아동 본인이 이기기

보다 동료의 기분을 맞추는 것을 우선하는 행동은 방해가 된다. 9세 아동은 죄책감에 반응하는 경향이 있어서 잘못된 것을 굳이 지적해 주지 않아도 된다. 그들은 어떤 책임감을 즐기는데, 이는 치료에 용이하게 사용된다. 이 시기의 아동은 다른 상황에서도 진행 정보를 사용할 수 있다. 이는 치료 중에 그들이 새로운 환경을 인식하고 새로 배운 행동양식을 적용할 수 있다는 것을 의미한다.

대부분의 만 10세 아동에게 우정은 매우 중요하다. 자신의 가족보다 더 큰 유대감을 갖기도 한다. 여자아이가 더 빨리 발육하여 남자아이를 얕잡아 보게 되면서 성별의 격차가 넓어진다. 하지만 이 나이의 아동은 여전히 가족 나들이를 즐긴다. 특히 자신의 친구를 데려갈 수 있다면 더욱 좋아한다. 그들에게는 이때부터 삶의 의미가 생기기 시작하고, 치료사와의 작업을 즐기게 된다.

만 11~13세

청소년기의 아동은 어른스러워지는 것을 필요로 하나, 여전히 아이처럼 행동하기를 바라기도 한다. 어린 청소년은 그들의 행동방식을 아주 잘 변경한다. 그리고 그중 몇몇의 변화는 아동의 정신발달과 연관되어 있다. 이 연령대의 아동은 어른보다 자신이 더 조절을 잘 할 수 있다고 믿는다. 여러 가지 측면에서 준비가 되어 있지 않더라도 말이다. 이들은 일반적으로 자신의 생각과 정체성을 형성해 나가면서 상당히 논쟁적이게 된다.

만 11세 아동은 감정적으로 불안함을 보인다. 갑자기 화를 냈다가 발작하듯이 웃기도 한다. 이들은 집안 물건(특히 방 문)을 훼손하거나 심지어는 다른 사람을 치기도 하면서 분노를 표현한다. 사실 이 연령대의 어린 청소년은 일반적으로 그들 자신 혹은 자신의 물건을 아끼는 데 능숙하지 않다. 이들의 방은 어지럽혀져 있을 것이고 가장 좋아하는 옷이 바닥에 널브러져 있을 것이다. 이들은 또한 피곤하지만 일찍 잠자리에 들기 싫어하고, 일어나는 것도 힘들어한다. 하지만 보통 집에서보다 학교에서 행동이 올바르며 때로는 다른 아이와 경쟁하는 것을 즐긴다. 이때부터는 사고가 더 논리적이 되며, 이것은 이들의 직접적인 경험 밖의 문제로 확장된다.

만 12세가 되면 즐거움에 대한 열망이 더 크게 나타나고, 청소년기는 확실히 자리매김을 한다. 이 시기에 학교는 아동이 더 독립적으로 작업하게 하고 토론에 참여하게 하는 데 있어서 매우 중요한 역할을 한다. 일부 11세에서 보이는 극명한 극치는 12세가 되면 다른 방식으로 뚜렷해지는데, 그들의 생각은 매우 열정적이거나 증오적으로 보일 수도 있다. 흔히 겉으로 드러내 놓고 누군가를 '사귀는' 일은 없지만 이성에 대한 관심이 증가한다. 화가 났을 때 12세는 자신의 분노를 말로 표현할 수 있음에도 불구하고 여전히 신체적인 방법을 사용한다.

만 13세가 되면 청소년으로서 아동은 더욱 자기 성찰적이 된다. 십 대로서의 자신에 대한 새로운 관점에 적응해 가면서 감성적이고 부루퉁한 나이다. 이 시기에는 많은 시간을 거울 앞에서 보내기도 한다. 이 나이의 아동은 부모님과의 친밀한 관계를 맺기 꺼려하기도 하며, 종종 버젓이 눈앞에 놓인 사실을 두고 시비를 걸기도 한다. 이들의 분노는 눈물이 되기도 하는데(그들은 이것을 부끄러워한다), 그러므로 눈물을 흘리기 직전에 토라져서 방을 나가 버리기도 한다. 하지만 그들의 집중력, 자기조절 능력, 스스로 정돈하는 능력이 향상된다. 어린 십 대 아이가 활동의 진행에 대한 통제감을 갖고 함께 작업하는 것은 치료에 있어 매우 중요하며, 프로그램이 노력의 가치가 있다고 느낄 가능성이 높아진다. 그러므로 이 나이대의 아동을 사로잡기 위해서 열심히 하는 것은 필수적이다.

만 14~16세

아동이 청소년기를 겪으면서 특정한 공포는 줄어들지만 학교 적응 혹은 미래에 대한 걱정은 많아진다. 이 연령대의 아동은 학교 시험에 대한 실제적인 압박을 받는다. 14세의 아동은 더욱 외향적이 되고 일반적으로 삶을 더 잘 즐기게 된다. 이들은 특히 가족 외의 사람들에게 다정하고 책임감이 있어 보인다. 부모와 있을 때 부모가 아이에게 나이에 맞는 책임을 맡긴다면 갈등은 많이 줄어들 것이다. 부모님 혹은 다른 사람과 갈등이 있는 경우 14세 아동은 많은 사람들 앞에서 빈정대거나 욕설을 하거나 비난하는 것으로 호소한다. 공격적인 자극이 몰려오겠지만 이것 또한 자기조절 능력을 향상시키는 시간이다. 이는 14세 아동이 더 객관적이 되고 남의 입장을 헤아리는 데 큰 도움을 준다.

　이 시기의 아동에게 또래 그룹은 매우 중요하다. 그래서 십 대는 친구와의 시간을 더 보낼 수 있는 전화통화에 많은 시간을 쏟아부으려 한다. 이것은 또한 즉각적인 결과의 위험성 없이 이성에게 눈길을 줄 수 있는 기회를 제공한다.

　만 15세의 아동은 열정의 일부를 잃은 것 같고, 상당히 냉담하고 무관심해 보인다. 사실 그들은 자기 성찰의 또 다른 단계를 겪고 있는 것이다. 앞으로 만들어 가야 할 진로 선택과 같은 결정이 청소년을 자연스럽게 그들의 생각, 감정, 의견을 정리하도록 하는 것이다. 이들은 남에 대한 인내력이 늘고, 자신의 믿음과 가치에 대해 더욱 확고해진다.

　시간이 지나 16세가 되면 아동은 목적의식에 대해 더욱 자립적이 된다. 이들은 비판과 충고에 덜 예민하며, 삶의 여러 영역에서 심적 유연성을 갖게 된다. 이때부터 이들은 사회적으로 더욱 숙련되어 있고, 어떻게 하면 갈등을 성공적으로 해결할 수 있는지 알게 된다. 만약 제대로 된 기회가 주어진다면, 그들은 자기 자신을 독립적으로 돌볼 수 있는 충분한 삶의 기술을 얻게 될 것이다. 이 연령대의 청소년에게는 몇 가지 선택할 수 있는 치료법을 제시하여 자신이 방향을 결정하는 데 책임감을 갖도록 하는 것이 가장 좋다. 예를 들어, 아동에게 설명과 함께 가능한 선택지를 주고, 각 비용과 이익을 살펴보게 한다.

　많은 청소년이 미래에 대해 생각하는 것을 즐기는 것에 따라, 자신만의 생각을 정립할 수 있는 '과거, 현재, 미래(10장)' 와 같은 활동이 이 나이대에 가장 걸맞은 활동이다.

활동 기간

　아이 한 명 한 명이 다르고, 여러분의 교구 사용에 대한 접근법 또한 매우 다양하기 때문에 각 활동이 얼마 동안 행해져야 하는지 정의하기는 불가능하다. 하지만 우리는 어떤 활동이 한 회기보다 더 오래 행해져야 하는지를 나타내기 위해 애썼다. 활동을 할 때에는 항상 충분한 시간을 두라. 만약 여러분이 활동이 완벽히 이루어지지 않은 상태에서 그만둔다면 아동은 부담을 느낄 것이다. 아동의 학습 능률을 명확히 판단하기 어렵다면 회기의 초반부터 시작하는 것이 바람직하다.

여러분이 아동과 활동을 몇 번 해 봤다면 적당한 시간을 판단할 수 있을 것이다. 시간이 부족했다면 자연스러운 중지점을 만든 후, 아동에게 활동을 끝맺기 위해서 다음번에 무엇을 할 것인지를 분명히 말해 준다. 아동이 실망하지 않도록 반드시 이러한 사항을 메모해 두어야 한다. 지난 회기에 대한 점검을 하는 것이 아니라면 일반적으로 한 회기에 한 가지 활동만 하는 것이 좋다.

교 구

이 책에 포함된 모든 그림, 워크시트, 부록의 저작권은 무료다. 하지만 여러분이 편하게 사용하기 위해 몇몇 교구는 확장해야 할 것이다. 이 책의 나머지 교구는 일반적인 저작권 제한이 적용된다는 것을 알아 두라.

필요한 다른 항목은 각 활동에 표시된다(하지만 꼭 사용해야 하는 교구에 대해서는 대체물을 사용할 수 있다). 경험이 풍부한 치료사는 올바른 교구 선택의 중요성을 알 것이다. 예를 들면, 다음과 같다.

• 만 11~12세의 아동까지는 색연필, 색지, 크레파스 등을 좋아한다. 글씨를 쓰거나 그림 그리기에 좋은 색깔 펜을 구비하도록 하자.

• 그보다 몇 살 많은 아동은 흰 종이에 어른스러운 펜 사용을 선호한다.

• 아동은 자신의 결과물을 자랑스러워하고, 집에 가지고 갔다가 다음번에 다시 들고 올 수 있도록 그들만의 특별한 폴더에 그것을 간직하려 한다(하지만 반드시 여러분의 임상 파일에 모아 놓을 수 있게 복사를 하도록 한다).

- 아동은 본인의 그림 복사를 돕는 것(만약 가능하다면)을 좋아한다.

- 몇몇 활동에서 안전가위, 얇은 카드와 풀, 계산기와 주사위가 필요하다.

- 간단한 손 인형은 연극이나 이 책의 다른 활동을 하는 데 유용하다. 손 인형
  에게 이름이 있다면 그들은 더 좋아한다.

- 찰흙이나 지점토는 몇몇 활동에 유용하다.

치료환경 조성

여러분이 아동과 가족을 면담하는 곳에서는 통제를 할 수 없을 것이다. 그래서
특히 나이가 어린 그룹일수록 그곳을 가능한 한 집과 같은 분위기로 조성하는 것
이 중요하다. 어린아이는 여러분이 보호자(양육자)와 이야기하는 동안 가지고 놀
수 있는 부드러운 장난감과 몇 개의 퍼즐, 블록, 장난감 자동차 또는 소꿉놀이 세
트로 둘러싸인 환경을 좋아한다. 십 대 아동 역시 편안한 주변 분위기를 좋아한
다. 하지만 장난감은 치우는 게 좋다. 아동이 필요로 하는 몇 개는 남겨 두는데, 예
를 들어, 우리 클리닉의 곰돌이 쿠션은 아이들이 포옹하면서 그들의 기분이나 어
려움에 대해 이야기하는 대상이다. 일반적으로 만 6세 이상의 아동은 여러분이
어른과 이야기를 나누는 동안 같은 공간에서 그림을 그릴 텐데, 이때 작업의 유지
를 위해 아동에게 일정한 개입이 필요하다. 극도의 불안감을 가진 아동은 분명 행
동이나 주의력 문제로 안정되지 않을 것이다. 따라서 여러분은 보호자에게 대기
실에서 아이와 함께 있을 수 있는 또 다른 어른을 데려오도록 요청하여 여러분이
필요한 배경 정보를 얻을 수 있다. 이와 유사하게, 보호자가 여러분에게 주는 어
떤 정보라도 아이에게 해로운 것이 있다면, 시간을 내어 보호자를 따로 대면하도
록 하라.

아동은 조용한 방에서 그들에게 맞는 의자와 테이블이 있다면 더욱 안정적이고 쉽게 과업을 수행할 수 있다. 여러분은 아이와 눈높이를 맞춰 앉기 위해 낮은 의자를 택하도록 한다. 만약 낮은 테이블이 없다면, 5세 이상의 아동은 일반적인 크기의 의자에 앉을 수 있다. 워크시트를 크게 회전하지 않아도 양쪽 모두가 편하게 볼 수 있도록 여러분이 아동의 옆에 앉는 것이 가장 좋고, 인접한 측면(마주 보는 자리가 아닌)이 좋다.

여러분이 온 가족을 대면할 때에는 충분한 수의 의자(여러분과 같은 높이의 의자)와 충분한 공간을 준비하는 것을 명심하라. 만약 어린아이가 있다면 여러분은 몇 개의 장난감 혹은 그림을 그릴 수 있는 공간을 마련해 두라. 하지만 가족 접근법을 이용할 때, 아이를 제외시키지 않도록 주의해야 한다.

회기의 구성방식

여러분이 초기 평가를 할 때에는 주요 가족 구성원(의붓가족과 살고 있다면 그들을 포함하여)을 부르도록 한다. 적어도 보호자와 아동으로 구성되어야 한다. 아동에게 혼자만의 시간을 주는 것이 중요한데, 이것이 이 책의 활동을 최고의 상태로 사용하는 방법이다. 회기의 마지막에서는 아동의 동의하에 보호자(보통은 아동과 함께)에게 피드백을 준다. 여러분이 아동과 왜 과업을 수행했는지 설명하고, 아동이 이러한 것을 보호자에게 모두 말하게 함으로써 아동을 격려한다. 보호자와 함께 과제를 정해 주어 회기가 마무리되었다는 것을 확실하게 한다. 다음 회기에서 숙제를 점검하는 것을 기억하라.

자극의 정도(단계)

활동에 알맞은 자극의 정도는 아동의 성격과 능력에 따라 결정된다. 몇몇의 지시에서 여러분은 아동의 필요에 의한 추가 질문이 표시된 것을 볼 수 있다. 일반적인 규칙으로 8~9세 아동은 예를 들어 보라는 질문을 다룰 수 있지만, 그보다 어린 아동은 몇 가지의 질문 중 선택하는 것만으로도 과업을 잘 해 나갈 것이다. 십 대 아동은 사회적으로 숙련되었기 때문에 여러분이 아동과 좋은 교감을 구축하기만 하면 일반적으로 주관식 질문에 응답할 것이다.

아동을 다루는 일반적인 조언

모든 아이는 다르고 각각 개별적인 접근법을 필요로 하지만, 우리는 다음과 같은 유용한 몇 가지의 일반적인 의견과 조언을 포함하였다.

- 어떤 아동은 본인 스스로가 쓰고 싶어 하고, 어떤 아동은 여러분이 그들의 '비서' 가 되어 주기를 바랄 것이다. 그들에게 선택권을 주는 것이 가장 좋다.

- 자원은 아동이 즐거워하고 활동 규칙을 지킬 때에만 유용함을 기억하라. 아동이 흥미를 느끼지 않는다면 대체할 수 있는 다른 활동을 하는 것이 낫다.

- 가능한 활동의 많은 부분을 아동이 통제할 수 있도록 한다. 예를 들어, 색깔을 고르게 하는 것이 있다.

- 만약 아동이 여러분 앞에서 작업하는 것에 대해 긴장한다면 여러분이 먼저 '서툴게' 함으로써 그들의 참여를 도울 수 있다. 예를 들어, 여러분이 사람의 그림을 아주 단순하게 그리고 나면 일반적으로 아동은 더 첨가할 부분을 찾으며 흥미를 갖게 된다.

- 아동은 합법적인 범위 내에서 비밀을 보장받을 권리가 있다―아이의 부모에

게 그들의 작업에 대해 말하기 전에 아동에게 먼저 의논을 하자. 아동에게 그들의 작업 결과물을 부모님께 꼭 보여 드리지 않아도 되며 결정은 전적으로 그들에게 달려 있음을 설명하라.

• 치료를 즐겁게 하는 것은 아동을 편안하게 해 주고, 그들이 여러분에게 더 마음을 열게 한다.

• 아동에게 건넬 농담을 몇 가지 준비하는 것도 도움이 될 것이다—하지만 아동이 그들만의 독특한 방법으로 보호자에게 그 농담을 건넬 때 다른 의미로 들리지 않도록 선하고, 순수하고, 즐거운 것으로 준비하는 것을 명심하라!

• 가정에서 아동이 설문조사에 참여하도록 어디서든 스티커를 부여하는 등 아동이 프로그램에 자신감을 갖도록 한다.

• 교구는 항상 회기 시작 전에 준비되어 있도록 한다. 적어도 쉽게 손에 닿는 곳에 둔다.

• 회기 간에 연결고리를 만들도록 한다. 이전의 회기에서 아이의 감정을 자극하지 않았던 항목을 기록한다. 예를 들어 '아기 토끼' 등이 해당될 수 있다.

경고의 말

이 책 한 권에 모든 것을 의존하지 마라! 여러분의 전체적인 접근법이 좋은 기초 위에 있지 않다면 창조적인 치료법과 흥미로운 활동은 문제를 해결하지 못한다. 그러므로 과학적으로 시도 및 검증된 여러분의 심리학적인 훈련과 접근법을 기억하도록 하라. 이 책의 활동은 추가적인 자원이며 이것이 여러분을 아동 치료

사로 만들지는 않을 것이다! 사실 이 아이디어를 유용한 치료상의 도구로 변화시
키는 것이 치료사로서의 여러분의 기술이다.

Angela Hobday와 Kate Ollier

차 례

Chapter 5 새로운 기술 배우기 ⋯⋯⋯⋯⋯⋯⋯⋯⋯⋯⋯ 113

Chapter 6 대처기술 향상시키기 ⋯⋯⋯⋯⋯⋯⋯⋯⋯⋯⋯ 133

Chapter 1

너를 알아 가다

이 장에서의 활동은 평가의 초기 단계에 사용하도록 고안되었다. 앞서 '이 책에 대하여'에서 설명했듯이, 이 활동은 첫 인터뷰를 대신하기 위함이 아니다. 여러분은 전반적인 상황을 이해하기 위해서 넓은 영역의 정보를 얻을 필요가 있다. 이 활동은 여러분이 상황을 점검하는 데 도움을 줄 것이며, 아동과의 교감 형성을 시작하는 데 도움을 줄 것이고, 아동에게는 그들 자신에 대해 혹은 그들의 문제에 대해 이야기하도록 이끌어 줄 것이다.

내 세상
만 4~11세

목표

친밀감을 형성하기 위해 아동 스스로 권리를 가진 인간이라는 것을 안내하여 그들이 겁먹지 않은 상황에서 자신에 관한 이야기를 할 기회를 제공하라. 그리고 아동이 그들 자신에 대해 긍정적으로 생각하도록 도우라. 이것은 정서적인 문제를 다루기 전에 행해야 한다.

준비물

A3 혹은 A4용지, 색연필, 연필, (테두리를 이용해 동그라미를 그릴 수 있는) 작고 동그란 접시 등

방법

대부분의 7살 혹은 그 이상의 아동이라면 이런 형태의 활동을 해 낼 수 있다. 7세 미만의 아동은 변형(p. 32)을 즐길 것이다.

아동과 과제를 같이 하는 것은 그들을 좀 더 알고 싶은 것이라고 미리 설명하도록 하자. 아동에게 지구 그림을 그릴 줄 아는지 물어본다. 만약 모른다면 여러분이 비슷한 것을 그려 줄 수도 있다. 아동이 이해하지 못하는 것 같다면 과업을 해

내기 힘들 것이다. 이 경우 '변형'으로 넘어가는 것이 좋다. 여러분은 아동에게 그들을 위한 좀 더 나은 활동을 하는 것이 좋겠다고 설명하라.

아동이 활동에 대응할 수 있을 것 같으면 '……의 세상'이라는 제목을 쓴 후(혹은 아이가 쓰도록 하라) 아동에게 직접 이름을 써넣도록 하라.

그러고 나서 종이에 큰 동그라미를 그리게 하고(혹은 여러분이 직접), 동그라미를 지구처럼 꾸미도록 하자. 동그라미 밖에는 별, 달, 로켓 등을 그린다. 아동과 함께 그들만의 세상이 어떻게 생겨났는지에 대하여 말해 보라(그들이 함께하고 싶어 하는 사람, 하고 싶어 하는 것 등). 아동에게 그들에 대해 물어봄으로써 그들의 세상에 대해 여러분에게 말하도록 격려하자. 이 초기의 과업을 긍정적으로 유지하도록 노력하라. 다음은 몇 가지의 유용한 질문이다.

- 가장 좋아하는 음식은 뭐니?
- 누가 너의 가장 친한 친구니?
- 방과 후에 뭘 하고 싶니?
- 무슨 애완동물을 키우니?
- 잘하는 게 뭐니?
- 가장 좋아하는 옷은 뭐니?
- 가장 즐겨보는 TV 프로그램은 뭐니?
- 주말이나 휴일에 어디에 가고 싶니?

질문을 아동에게 맞추도록 노력하라. 아동에 대해 급격히 늘어난 정보 중에 알맞은 질문을 고르라. 예를 들어, 아동이 축구를 좋아한다는 것을 알게 되었다면 여러분의 다음 질문은 그가 응원하는 팀에 관한 질문이 될 수 있다. 아동이 그에 대해 대답하면 그 대답을 '세상'에 써넣고, 아이가 하나의 글마다 각각의 섬을 그려 넣을 수 있도록 하라. 그 작업이 끝나면 바다에 색을 칠하고 주변에 또 다른 세부적인 그림을 그려 넣을 수 있게 하라(p. 33의 예시 참고).

그들에 관한 독립된 것(각각의 섬)들이 그들의 세상을 이룬다는 것을 설명하고 그림에 대해 이야기를 나눈다. 그 세상이 독특한 것처럼, 아동은 세상에 유일한 존재다.

7살 남아가 만든 다음의 예시는 5가지의 정보밖에 포함하지 않았지만 이것이 아동이 자발적으로 그릴 수 있는 정도의 수일 것이다. 하지만 치료사는 이 그림을 보며 "사이먼이 누구니?" "학교에서 좋아하는 다른 과목이 있니?"와 같은 질문을 하며 더 많은 정보를 얻을 수 있다. 이 활동에서 여러분은 아동에 대한 또 다른 정보를 얻을 수 있는데, 예를 들어 아이가 탁월한 그림 솜씨를 가졌다거나 일대일 상황에서 집중을 잘한다는 것 등을 알게 될 것이다. 대체로 치료사는 아동의 독창성을 보여 주는 피드백에서 많은 양의 정보를 얻는다.

(변형) 나는……

이것은 더 어린 아동 혹은 세상이라는 개념에 대한 이해가 부족한 아동을 위한 간단한 활동이다. 아동에게 자신의 얼굴을 종이의 가운데 그리게 하고, '나는……' 이라는 글귀를 아동의 이름과 함께 윗부분에 쓰도록 한다(아동이 할 수 없다면 여러분이 그려 줄 수 있다). 아동에게 이 활동은 그들이 어떤 사람인지, 그들이 좋아하는 것은 무엇인지 등을 알기 위함이며 또한 그들에 대한 모든 것을 알아 내기 위함이라는 것을 설명하라. 아동에게 몇 개의 아이디어를 줘라. '내 세상'에 제시된 질문과 비슷한 질문을 한 후, 그 대답을 그림 주변에 쓰도록 한다. 다시 한 번 말하지만, 이 활동을 긍정적으로 유지하라. 그리고 자신감이 부족한 아동이 긍정적인 태도를 가질 수 있도록 돕자.

조슈아의 세상

이 예시는 일곱 살 남아의 삶과 관심사를 알아채기에 유용함을 보여 주고 있다. 이 경우 이 남아는 모든 그림을 스스로 그리려고 하였지만 쓰는 것에 대해 일부 도움을 청하였다. 여러분은 아동의 능력과 필요에 대응할 수 있도록 준비되어 있어야 한다. 아동이 원한다면 여러분이 직접 그림을 그려 줘야 할 것이다.

 참고하세요

- 1장의 '기쁘고, 슬프고, 화나고'
- 2장의 '감정바퀴'
- 9장의 '나의 장점'
- 9장의 '중요한 항아리'
- 9장의 '나는 ……라고 생각해요'

내 이름은 엘리 자다

내가 좋아하는
색깔은
자주색이다.

나는 학교에서
글쓰기를
좋아한다.

나는 친구 집에
놀러 가는 것을
좋아한다.

나의 오빠는
조슈아다.

내가 좋아하는
음식은 리소토
(야채, 크림 등을
섞은 비빔밥 종류)다.

나는 발레를
하러 간다.

나의 가장
친한 친구는
홀리다.

나는 우유를
좋아한다.

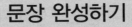

문장 완성하기
만 4세 이상

목표

특정한 주제에 관한 아동의 사고방식을 평가한다. 아동이 주제에 관해 이야기 하도록 격려함으로써 아동의 생각을 드러내도록 돕는다.

준비물

A4용지 혹은 노트, 색연필

방법

이 활동은 부끄럼을 많이 타거나 눈맞춤을 어려워하는 아동에게 특히 유용하다. 누가 먼저 글씨를 쓰고, 누가 어떤 색의 색연필을 고를지 이야기해 보면서 게임을 하는 듯한 분위기를 조성하라. 여러분이 문장을 시작하면 아동은 그 문장을 쓰거나 말하는 것으로 완성한다. 문장의 시작은 부드럽게 하는 게 좋다. 이를테면, '나를 행복하게 하는 한 가지는…….'과 같이 시작할 수 있다. 아동이 주제에 익숙해지고 워밍업이 되면 좀 더 심도 있는 질문을 하는 것으로 넘어간다.

질문에 대한 아동의 비언어적인 반응에 유의하라. 만약 아동이 특정한 주제에 대해 어려움을 겪는 것 같으면 긴장을 풀 수 있도록 여러분은 한동안 더 쉬운 주제로 옮겨 가야 할 것이다. 여러분은 진행 속도를 유지하고 문장을 긍정적으로 마무리하는 것을 기억해야 한다. 그 후에 아동의 반응을 거치면 여러분이 필요로 하는 정보가 있는 좀 더 확장된 영역으로 아동을 유도한다.

 나와 같은 사람

이 활동은 여러분이 아동과 함께 완성하는 책에 포함할 수 있다. 등장인물은 아동과 비슷한 것을 경험한다. 아동은 문장을 채우는데, 예를 들어 그들이 어떠한 감정일지, 누구에게 말할 수 있을지 그리고 말하고 난 후의 기분은 어떨지 써 본다. 책은 긍정적인 내용으로 끝내도록 하라.

 참고하세요

- 1장의 '기쁘고, 슬프고, 화나고'
- 2장의 '감정바퀴'

기쁘고, 슬프고, 화나고
만 5~14세

 목표

아동에게 감정에 관한 이야기를 소개하고, 그들이 분노 혹은 슬픔의 감정을 갖는 것을 허용한다. 이것은 아동이 치료사에게 직접적으로 말하는 일을 거치지 않고도 정서적 감정을 토론하게 하며, 아동에게 중요한 정서적인 문제를 드러내는 데 간접적인 방법으로 제공된다.

 준비물

색연필, A4용지

 방법

더 어린 아동 혹은 이미 그림 그리는 것을 즐거워하는 아동에게 3개의 각기 다른 표정을 그리도록 하라('기쁨' '슬픔' '화남'이라는 표식이 된). 아동에게 그림을 적당히 작게 그리되 각 그림의 위 또는 아래에 글을 쓸 수 있을 정도의 일정한 간격을 두고 그리도록 안내한다. 만약 모든 그림이 한쪽으로 몰려 있다면, 틀을 그리거나 비눗방울이 글과 그림을 묶어 놓은 듯한 모양을 만들자(p. 40 참고). 그리고 나서 아동에게 무엇이 이러한 감정을 불러일으키는지 물어본다―더 어린 아동에게는 "언제 기쁘니?" 등으로 물어본다. 더 큰 아동에게는 "무엇이 너를 기쁘게 만드니?"와 같은 질문이 보다 추상적일 수 있다. 긍정적인 감정(기쁨)으로 활동을 시작하자. 그리고 주어진 예시에 대해 각각 토의해 보자. 이후 부정적인 감정에 대한 토의를 마쳤다면, 다시 기쁜 감정으로 옮겨 가서 활동을 끝내도록 하자.

다음의 예시는 아동의 아버지가 집에 잘 들어오지 않는 분열된 가족 상황에 대한 정보가 있는 상태에서 활동이 진행되었다. 이것은 또한 이 아동이 형과의 관계가 어렵게 된 것과 큰 개연성이 있을 것이다.

 ## 기쁘고, 걱정되고, 혼란스러운

불안해하는 아동에게 여러분은 또한 '걱정' '당황' '혼란'과 같은 감정을 사용할 수 있다. 하지만 감정을 4개까지로 제한하라. 그리고 적어도 하나의 긍정적인 감정을 포함시키자.

 ## 참고하세요

- 1장의 '내 세상'
- 2장의 '가면'
- 2장의 '기분의 척도'
- 2장의 '감정바퀴'

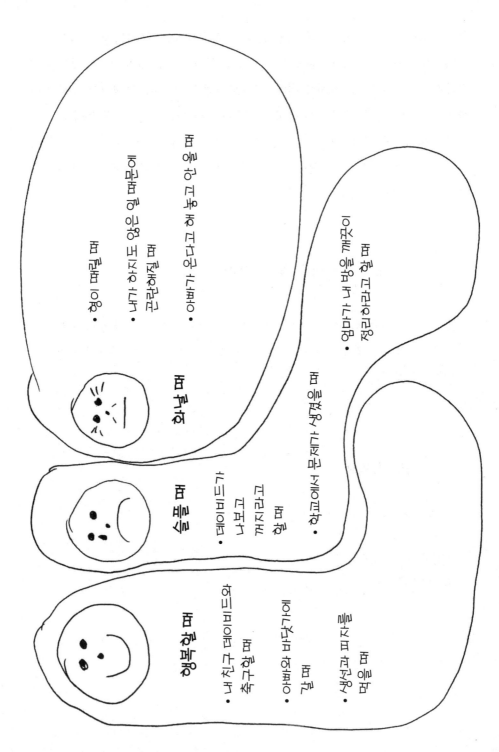

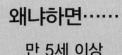

왜냐하면……
만 5세 이상

목표

아동이 자신들이 버릇없다고 생각할 수도 있는 어려운 주제에 관해 이야기하는 것을 이해시키고 정직함을 향상시키기 위해서, 그들의 행동에 대한 이유를 깨닫도록 돕는다. 이것은 여러분에게 치료의 방향에 대한 통찰을 제공할 것이다.

준비물

색연필, A4용지, (변형을 위해서는) 두 개의 편지봉투(부록 1 '상자 견본' 참고)와 얇은 카드

방법

특정한 행동에 대한 타당한 이유와 말도 안 되는 이유(p. 42의 '내가 침대에 소변을 본 이유' 참고)가 포함된 목록을 만들자. 목록을 아동에게 하나하나 주의 깊게 설명해 주며 함께 살펴보자. 이번에는 아동에게 어떤 것이 본인에게 해당되는지 다시 한번 함께 살펴보도록 요청하자. 해당되는 것에 동그라미를 치고, 나머지는 선을 그어 지우도록 하자. 아동이 생각하는 또 다른 이유가 있다면 써넣을 공간을 남겨 두자.

이유 목록을 만들면 그것에 대해 이야기할 수 있게 된 아동을 칭찬해 주자. 그리고 이 활동에 이어 '손실과 이득(3장)'과 같은 변화의 가능성을 열어 줄 활동으로 자연스럽게 이동할 수 있다.

내가 침대에 소변을 본 이유

- 아침에 일어날 때까지 소변을 본 것을 몰랐다.
- 침대는 일어나기에 너무 따뜻하고 포근하다.
- 노느라 너무 바빠서 화장실에 가는 것을 잊었다.
- 밤에 혼자 화장실 가기가 겁난다.
- 너무 어둡고 빛이 하나도 없어서 무섭기 때문이다.
- 내 침대에서 수영을 하고 싶다.
- 문제를 일으키고 싶다.
- 오줌이 나오기 시작하면 멈출 수가 없다.
- 어떤 사람이 내 방에 들어왔을 때에만 이런다.
- 한밤중에 엄마가 나를 씻겨 주는 것이 좋다.

 이유 보내기

얇은 카드에 모든 이유를 쓰고, 상자에 넣을 만한 크기로 자른다. 두 개의 상자(부록 1 '상자 견본' 참고)를 준비하고 각각의 위에 '저는 아니에요.'와 '저는 그래요.'를 써넣자. 아동이 각 카드를 알맞은 상자에 넣도록 하자. 그리고 나서 '저는 그래요.'의 모든 카드를 꺼내서 아동이 그 행동의 주된 이유로 언급하는 것부터 순서대로 나열하자.

참고하세요

- 3장의 '산 정상에 오른 조로'
- 3장의 '벽'
- 3장의 '손실과 이득'

Chapter 2
감 정

아동은 종종 감정에 대해 말하는 것을 어려워한다. 십 대 청소년은 대부분 슬프거나 굉장히 기쁠 때 어깨를 으쓱하는 것으로 감정을 표현한다. 다음의 활동은 아동과 청소년이 감정을 표현하는 것을 돕고, 보다 쉽게 감정에 대한 대화가 이루어질 수 있는 치료환경을 조성하도록 돕는다. 과업에 집중할 때에는 치료사와 아동의 눈맞춤을 피하는 것(아동을 위협할 수도 있기 때문에)이 바람직한 방법이다.

가면
만 3~8세

목표

아동에게 사람들은 감정을 숨긴다는 사실을 깨우쳐 준다. 특히 아동이 행실이 나쁜 다른 아동에게 당했을 때 유용할 것이다.

준비물

색연필, A4용지, (변형을 위해서는) 플레이도우 · 지점토 및 모형을 제작할 만한 가벼운 것 · 얇은 카드

방법

똑바로 봤을 때 행복하고, 거꾸로 봤을 때 슬픈 (혹은 무서워하는) 얼굴을 그리자. 찌푸린 얼굴을 그릴 때 반대 방향은 웃는 얼굴이 되도록 하기 위해 조금의 속임수가 필요하다(p. 48의 예시 참고). 아동에게 방향을 몇 번 전환하여 보여 주면서 원리를 알려 주자. 아동의 나이에 따라 아동이 직접 그리게 할 수도 있다. 그러고 나서 웃는 얼굴에서 시작하여 얼굴 둘레를 따라 알맞은 문장 하나를 쓰도록 한다. 이를테면 '웃고 있을 때에도 가끔 내 속마음은 정말 슬프다.' 와 같은 문장을 쓸 수 있다. 적절한 표정 아래에 '웃다'와 '슬프다'라는 단어를 넣도록 하자. 기분을

감추는 것에 대한 모든 것을 아동과 논의해 보자. 아마 아동 본인 혹은 어떤 사람이 매우 슬픈데도 즐거운 척했던 것을 언급할 수도 있을 것이다.

 ## 3D 가면

이 활동은 지점토를 활용하면 가장 좋다. 하지만 기본 형태와 같이 글을 쓸 수 없고, 여러분이 결과물을 보관하지 않는 한 문서로 남기기 어렵다는 단점이 있다. 하지만 보다 입체적인 방식으로 만들 수 있고, 이 가벼운 모형을 얇은 카드에 붙일 수 있다는 장점이 있다.

 ## 참고하세요

- 1장의 '기쁘고, 슬프고, 화나고'
- 2장의 '기분의 척도'

가면

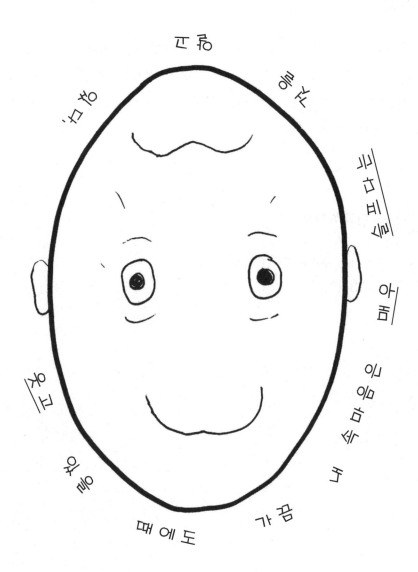

기분의 척도
만 6세 이상

목표

다양한 잠재적 문제 영역에서 아동의 자기자각을 평가한다. 이것은 치료 과정에서부터 진행을 점검하기까지 다양한 관점에서 쓰일 수 있는, 쉽고 시각적으로 이용 가능한 평가 수단을 제공하는 것을 목표로 한다.

준비물

A4용지를 이용하여 준비한 워크시트(부록 2 '기분의 척도' 참고), 펜

방법

같은 길이의 수평선 여러 개를 종이에 그린 후, 워크시트를 준비한다. 그런 다음 상단 선을 따라 숫자를 0에서 6까지 일정한 거리를 두고 써넣는다. 이것 대신 0에서 6까지의 숫자를 각각의 선에 같은 간격을 두고 써넣을 수도 있다. 각 선의 왼쪽 끝에는 점검하게 될 개념 혹은 감정을 써넣는다(부록 2 '기분의 척도' 참고). 더 어린 아동에게는 10개 이상의 개념을 써넣지 않는다. 아동과의 평가 면담에서 연관이 있었던 감정을 포함하도록 하자. 예를 들어, 아동이 분노라는 어려움을 겪고 있다면 '분노'를 측정 항목에 포함시킨다. 숫자 0 위에는 '전혀 그렇지 않다'를

쓰고, 6 위에는 '매우 그렇다'를 써넣자. 이 워크시트는 복사를 해 두었다가 나중에 아동이 다시 응답할 수 있게 한다.

아동에게 일주일 동안 자신이 그러한 감정을 얼마나 느꼈는지를 반영하여 각 선의 적절한 숫자에 동그라미를 하게 한다. 아동이 숫자 척도를 확실히 이해하도록 돕는다. 아동의 응답을 들으면서 아동이 각각에 대해 상세히 설명하도록 질문을 한다(왜 그런 감정을 느꼈는지, 무엇이 그것을 바꿀 수 있는지, 얼마나 오래 그런 감정을 느껴 왔는지 등).

 ## 기분을 나타내는 표정

더 어린 아동을 위해서는 더 적은 수의 주제를 다루고, 숫자 대신 표정을 나타내는 얼굴 그림을 그려 넣는다. 매우 슬퍼 보이는 얼굴, 중립적인 얼굴, 매우 기뻐 보이는 얼굴을 그린다. 어린 아동에게는 3~5개의 얼굴 표정을 사용하자.

 ### 참고하세요

• 1장의 '기쁘고, 슬프고, 화나고'
• 2장의 '감정바퀴'

감정바퀴
만 7세 이상

목표

개인의 환경 또는 상황에 관련된 감정을 끌어 내어 이러한 감정을 내담자로 하여금 깨닫도록 도와, 그 감정이 그들의 행동에 어떻게 영향을 미치는지 토론하도록 이끈다.

준비물

색연필, 얇은 카드(A4 용지 크기), 분할 핀, 가위

방법

카드의 한쪽 끝을 약 2cm 폭으로 여유 있게 자른다. 이것을 한쪽에 놓는다. 카드의 남은 부분에는 큰 동그라미를 그리고 파이처럼 몇 개의 구역을 나눈다. 아동에게 각각의 조각은 바퀴살임을 설명한다. 각 구역에 서로 다른 감정을 써넣는다. 이때 다양한 감정을 다루는 것을 명심하라. 예를 들어, 신나는, 무서운, 자랑스러운, 평화로운, 복잡한, 화난, 슬픈, 실망한, 행복한, 창피한, 죄책감이 드는, 외로운 등에서 선택하라(아동 혹은 여러분의 평가에 더욱 적절한 단어를 쓸 수도 있다). 아동의 능력에 따라 수를 제한하라. 나이가 어릴수록 파이 조각의 수를 적게 하라. 감

정바퀴를 만들어서 무엇을 할지 설명하고, 아동이 각 주제에 관여하도록 그리고 도움을 주도록 격려하라.

앞서 잘라 두었던 카드 조각에 분할 핀을 꽂아서 원의 반지름의 2/3 길이가 되게 하여 화살표를 만든다. 알맞은 길이로 잘린 화살표를 원의 가운데에 분할 핀으로 고정하여 끼운다.

더 어린 아동을 위해

어떤 상황에 대해 논한다(본인 또는 가상의 인물에 대해). 그리고 아동이 그 자신이라면 혹은 가상 인물이라면 어떤 기분일지 화살표를 알맞은 감정으로 옮겨 선택하게 한다. 시작부터 아동의 문제와 너무 가까운 상황을 제시하지 말고 서서히 아동의 문제에 관한 이야기로 다가가도록 한다.

더 큰 아동을 위해

앞의 방법과 같지만, 아동에게 본인 혹은 다른 사람이 어떠한 기분을 느낀다면 그 상황은 어떤 것일지 토론해 보도록 한다. 아동은 아마 각각의 감정에 대한 예를 글로 쓰고 싶어 할 수도 있다.

치료사 혹은 아동이 손가락으로 가리키는 것으로 바퀴의 화살표를 대신할 수도 있다.

감정파이

감정바퀴는 테두리를 파이처럼 꾸며(p. 54의 예시 참고) 감정을 나타내는 파이로 그릴 수도 있다. 감정바퀴와 같은 방법을 사용한다.

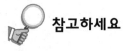 **참고하세요**

- 1장의 '내 세상'
- 1장의 '기쁘고, 슬프고, 화나고'
- 2장의 '가면'
- 2장의 '기분의 척도'

트레이시의 감정파이

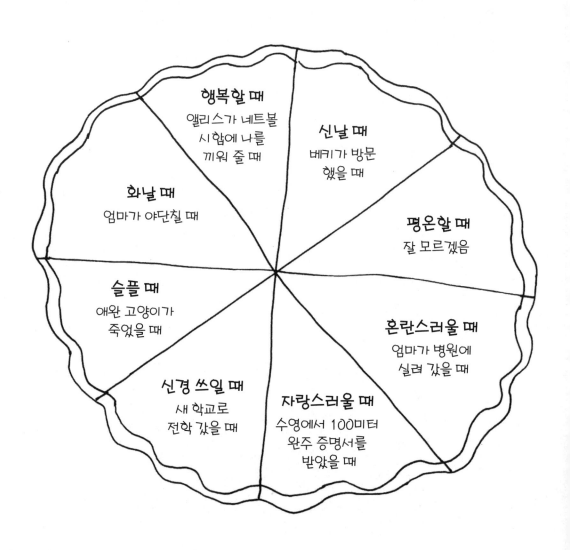

감정 한주머니
만 7세 이상

목표

아동이 그들의 감정을 인지하고 그것에 대해 이야기하도록 돕고, 그 감정을 그들의 삶의 사건과 연관 짓게 한다.

준비물

A4용지 크기의 얇은 카드 2장, 가위, 색연필, A5용지 크기의 종이봉투, 풀

방법

한 장의 카드를 준비하고, 종이봉투로는 큰 주머니를 하나 만든다. 진짜 주머니처럼 보이기 위해 봉투의 위에서부터 바늘땀 모양을 그릴 수도 있다. 주머니에 카드를 붙이고, 아동의 이름을 제목으로 쓴다. 나머지 카드에 아동과 함께 다양한 종류의 감정을 써 내려간다(앞의 '감정바퀴'에서와 같이). 각각의 감정을 잘라서 주머니에 넣을 수 있도록 글씨를 꽤 작게 쓰게 한다. 감정을 쓴 목록을 길게 잘라 내어 주머니에 넣는다. 한 사람씩 차례대로 주머니에서 감정을 꺼내어 그 감정이 언제 일어나는지 말한다. 예를 들어, "너는 언제 슬프니?"와 같이 물을 수 있다. 이것은 아동이 특정한 사건에서 어떤 감정을 느끼는지에 대해 이야기하도록 돕

는다. 그리고 여러분은 아동이 자신이 느끼는 감정을 이해하고 또한 다른 사람도 그런 감정을 느낀다는 것을 깨닫는 것을 돕도록 치료사로서의 기술을 사용할 수 있다.

만약 적절한 상황이라면 주머니를 이용해 공허한 기분에 대해 이야기해 볼 수도 있다.

> **주의:** 여러분의 감정을 예시로 다룰 때에는 그 감정이 지극히 사적인 것이 되지 않도록 재량을 발휘하라. 이 활동은 아동을 위한 것이므로 여러분의 예시는 아동의 표현처럼 간단하고 용이해야 하며 개인적인 정보를 제공해서는 안 된다는 것을 기억하라.

변형 감정 상자

'감정 상자'는 주머니 대신에 상자(부록 1 '상자 견본' 참고)를 만들어서 사용할 수 있다. '감정 한주머니'와 같은 방법을 사용한다.

변형 감정 표현하기

두 가지 버전을 위해 감정이 유발되는 상황에 대한 역할극에 카드를 사용할 수 있다. 예를 들어, "기쁜 듯이 세수를 해 봐."와 같이 말하며 아동에게 카드에 적힌 감정을 느끼는 듯 어떤 행동을 해 보라고 요청하면서 역할극을 좀 더 게임같이 만든다.

참고하세요

- 1장의 '내 세상'
- 1장의 '기쁘고, 슬프고, 화나고'
- 2장의 '가면'
- 2장의 '기분의 척도'
- 2장의 '감정바퀴'

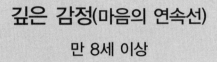

깊은 감정(마음의 연속선)
만 8세 이상

목표

아동이 그들의 삶에서 누구를 중요하게 여기는지 통찰하도록 한다. 이 활동은 아동과 함께 왜 누가 누구보다 덜 가까운지에 대해 토론하는 것으로 이어질 수 있다.

준비물

색연필, A4용지

방법

일정한 모양의 동그라미를 연속적으로 그리는데, 가장 작은 원은 지름이 5cm 정도 되도록 하고, 가장 큰 원은 지름이 18cm 정도가 되도록 한다. 보통 원이 4개면 충분하지만 이 활동을 하면서 아동의 진행상황에 따라 더 큰 원을 추가할 수도 있다. 가장 작은 원의 가운데에 하트 모양을 그리고, 아동의 이름을 직접 하트 모양 안에 쓰게 하자. 그리고 아동에게 이 그림은 아동 자신이 누구를 더 가깝고 중요하게 여기는지 혹은 누구를 가장 사랑하는지를 알아보기 위한 것이라고 설명하자. 가장 사랑하고 아끼는 사람의 이름을 하트 바로 바깥의 원에 써넣도록 하라.

그리고 그보다 덜 가까운 사람은 그 다음 원에 써넣도록 설명한다(p. 60의 예시 참고). 어떤 아동은 이것을 쉽게 이해하고 사람의 목록을 먼저 만든 다음 그들을 분류해서 원을 채워 나갈 것이다. 특정한 원 안에 왜 그 사람을 써넣었는지 아동과 논의해 보자.

이 활동은 특히 아동이 가족 사이를 넘나들 때, 예를 들어, 위탁모 또는 이혼한 부모 중 한 명과 같이 사는 경우(p. 60의 예시 참고)에 더욱 유용하다는 것이 입증되었다. 부모 사이에서 분열된 느낌을 가지고 있는 아동은 그 상황에서 한 발짝 물러서서 종이에 그것을 정리할 수 있다. 아동이 이 활동을 하면서 발견할 것들에 대해 준비하라. 예를 들어, 아동이 자신의 친아버지보다 양아버지에 대해 강한 감정을 가지고 있는 것을 인식하게 될 수도 있다. 아동에게 자신의 감정에 대해 솔직한 것은 옳은 일임을 알려 주자.

〔변형〕 내 마음, 네 마음

특정 상황에서는 이 활동을 두 번 하는 것이 유용할 수도 있다. 먼저 아동 혹은 청소년이 다른 사람과 얼마나 가깝고 또 그들에 대해 어떤 감정을 가지고 있는지 알기 위해 '깊은 감정'을 수행한다. 그 후에 이 아동은 각각의 중요한 사람이 자신의 관계 속에서 어떤 위치에 있는지 결정할 수 있을 것이다. 두 세트의 원은 매우 다를 수도 있다. 그럴 경우 그 이유에 대해 아동과 논의하라.

깊은 감정

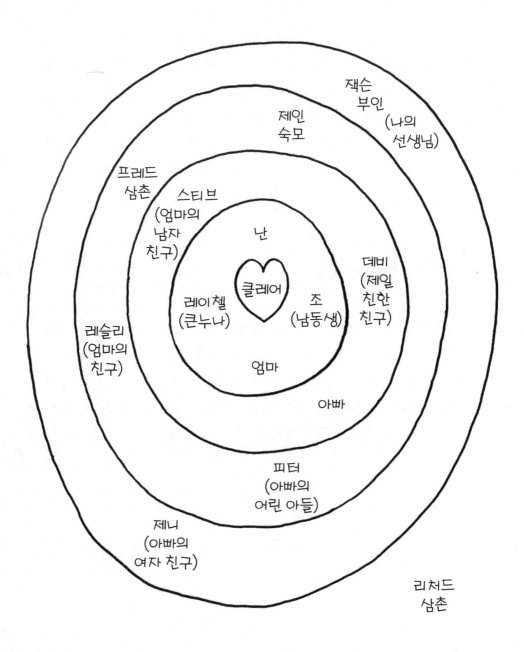

가족의 깊은 감정

　이것은 매우 강력한 활동으로, 경험이 있는 가족 치료사가 쓰기에 가장 좋다. 이 활동은 아동이 가족 구성원 가운데 서 있는 형태로 행해져야 한다. 아동의 주위에 원이 있다고 상상하고, 가까운 사람 순서대로 어디로 이동할지 아동이 말하도록 한다. 항상 이 활동의 마지막에는 누구도 소외된 기분으로 치료 공간을 떠나지 않도록 가족 구성원 각각의 좋은 점에 대해 말하거나 포옹을 하게 한다(여기에 유용한 활동으로 8장의 '51가지 칭찬하는 방법'이 있다).

 ### 참고하세요

- 8장의 '가족 그리기(어떤 것을 함께 하기)'
- 8장의 '누가 누구지?'
- 8장의 '육아의 부분들'

Chapter 3

변화를 위한 동기
증가시키기

성공적인 프로그램에서 상당히 중요한 요소는 아동이
그들의 목표를 달성하는 데 요구되는 동기가 꾸준히 유
지되도록 하는 것이다. 만약 아동이 흥미를 잃는다면 어
떤 프로그램도 성공하지 못할 것이다. 다음의 활동은 아
동 혹은 청소년의 흥미를 유지하게 하는 방법을 담고
있다. 이 활동은 아동의 목표를 분명히 하고, 진행의 체
계를 잡아 주며, 아동이 목표에 도달하는 것을 상기하도
록 돕는다. 이 모든 활동은 장기적인 성공을 보장하기
위해 활동 완료 후 후속 조치가 필요함을 알아 두어야
한다.

편안한 사각형
만 3~12세

 목표

규칙적으로 나타나는 원치 않는 행동에 경계선을 그어 주고, 그러한 행동의 빈도를 점점 줄여 나가 결론적으로 문제행동을 없앤다. 이 활동을 할 때에는 점차 행동에 제한을 주면서 게임으로 만들어 간다.

 준비물

얇은 카드(예를 들어, 색인카드), 색연필

 방법

우선 아동이 문제행동을 얼마나 자주 하는지 측정한다. 그리고 처음에는 그 행동을 한 시간/하루/일주일에 몇 번까지 받아들일지를 결정한다(보호자 혹은 적절한 경우 아동도 함께). 예를 들어, 침대에 재운 아동이 매일 밤마다 15번씩 아래층으로 내려와 저녁 인사를 한다면, 12번이 적절한 첫 목표가 될 것이다(아이가 비교적 성공에 도달하기 쉽도록 해야 한다). 아동이 토큰으로 사용할 수 있도록 판지로 사각형을 만든다. 각각의 사각형은 문제행동을 나타낸다. 각각의 토큰에 적절한 이름을 붙인다. 예를 들어, '아래층으로 가는 사각형 1번'이라고 이름을 붙일 수 있다. 아동에게 여러분이 아동의 문제행동을 줄이기 위해 노력할 것이라고 설명하고, 지금부터 아버지 혹은 어머니에게 줄 사각형을 아동이 가지고 있는 경우에만 그 행동을 할 수 있다고 설명한다. 아동은 특정 기간이 시작될 때, 예를 들어, 아동이 잠자리에 누웠을 때 모든 사각형을 받는다. 이때 아동에게 원치 않는 행동을 할 때마다 사각형 하나를 지불해야 하는 것을 상기시켜 준다. 모든 사각형을 다 쓰면 아동은 더 이상 그 행동을 하지 못한다(그 기간 동안). 보호자는 이 마지막 규칙에 대해 확고해야 한다(타당성 있게).

　허용된 만큼의 사각형을 처리하면 아동은 보상을 받고, 사각형의 수를 줄이기 위해 게임을 재정비한다("제니, 요즘은 몇 개의 사각형이 필요한 것 같니?" "사각형 9개에 도전해 보는 건 어떨까?"와 같이 말하면서). 각각의 목표가 달성됨에 따라 아동은 보상을 받고, 사각형 토큰은 줄어든다. 아동의 문제행동이 한 번으로 줄었다면 필요한 경우, 이를테면 매주 월·목요일 혹은 일주일에 한 번으로 기간을 늘려 시도한다.

　이 활동은 위험하거나 형제자매가 포함된 문제행동(예를 들어, 싸움)과 같이 아예 없애야 하는 행동에 쓰기에는 전혀 적절하지 않다. 하지만 아동이 노력하기를 원하고 문제행동을 없애는 데 걸리는 활동 기간이 중요하지 않은 경우에는 매우 유용하다. 예를 들어, 다음에 제시된 문제행동에는 이 활동이 매우 적합하다는 것을 알아냈다.

- 취침 시간 이후 침대에서 자꾸 빠져나오는 것
- '쓸모없는' 물건을 모으는 것(버리는 것을 잘 못함)
- 매일 밤 너무 많은 책을 읽어 달라고 조르는 것
- 컴퓨터 게임을 너무 많이 하는 것
- 너무 많은 비디오를 보거나 같은 비디오를 계속해서 보는 것

그것이 나의 한계

더 큰 아동에게 여러분은 한계를 단순하게 정해 줄 수 있다. 이를테면 아동과 숫자를 기록해 가면서 '엄마에게 하루에 6번만 전화하기'와 같이 할 수 있다. 제한하는 숫자는 기본 형태의 활동과 같이 아동이 자신감을 갖고 할 수 있을 정도의 속도로 시간을 두고 점차적으로 줄여 나간다.

 참고하세요

• 3장의 '산 정상에 오른 조로'
• 3장의 '성공으로 가는 계단'

……라고 불리는 아이
만 3~12세

목표

아동의 행동과 걱정에 대한 이해 및 그에 대한 대처능력을 향상시켜 준다. 이것은 약속을 기다리면서 집에서 읽을 수 있는 나만의 책을 만드는 것으로 실행한다. 이 활동은 아마 한 회기 이상으로 치러져야 할 것이다.

준비물

A4용지 크기의 프로젝트 폴더 또는 용지와 그것을 받칠 일종의 지지대, 색연필

방법

아이의 문제를 주제로 하는 나만의 책에 글을 쓰고 삽화를 넣는다. 책의 분량은 약 10쪽이 적당하며, 어린 아동의 경우에는 그림을 많이 그려 넣고, 더 큰 아동의 경우에는 글을 더 많이 써넣는다. 만약 책이 아이의 긍정적인 행동을 촉진하기 위한 것이라면 아동의 이름을 써넣자. 하지만 어려운 감정에 대해 아동이 인지하도록 돕고 그에 대한 대처능력을 키워 주기 위해서라면, 다른 이름을 사용함으로써 책과의 거리를 두어 아동이 받아들이기 쉽게 할 수도 있다.

책을 쓸 때 아동의 정보를 여러분의 자원으로 사용한다. 문체는 간결하게 하고 시간을 효율적으로 유지한다. 문제에 따라 아동이 당신이 쓰는 것을 돕게 할 수도 있다. 하지만 책의 끝맺음은 행복하고 긍정적으로(하지만 현실적으로) 맺도록 여러분이 직접적으로 개입한다. 어떤 경우 토론 후에 아동이 책의 내용을 삽화로 그릴 수 있을 때에는 다음 회기를 대비하여 문서화해 두는 것도 좋다.

그림과 글이 완성되면 보호자는 그것을 아동과 함께 다음 회기까지 정기적으로 읽어 보도록 한다(아동이 흥미 있어 한다면). 이 책은 짧은 기간 안에 매력을 잃을 수도 있다. 그렇다고 해도 보호자는 나중에 아동이 퇴보한다면 이 책을 다시 사용하기를 원할 것이다.

다음의 예시는 밤에 자주 그의 부모님을 깨우는 4살 남아의 이야기다. 이 아동은 부모님의 침대에서 잠들지 못하고, 이러한 선잠 때문에 낮 동안의 행동에 문제가 있다. 또 다른 아이의 출산을 앞두고 있는 이 아동의 부모는 아이의 문제가 해결되기를 간절히 바란다.

똑똑한 조

옛날 옛적에
조라는 아이가 있었어요.
조는 엄마 그리고 아빠와
2층으로 된 특별한 집에서 살았어요.

조는 자기 장난감과
자기 책과 자기 침대가 있는
자기 방을 가지고 있었어요.

가끔 조는 잠에서 깨어
엄마가 어디에 있는지 궁금해했어요.

조는 엄마를 부르고,
엄마는 조를 껴안아 주었어요.
가끔 조는 엄마의 침대에서
자려 하고는 했어요.

하지만 이따금 조는 자기가
매우 똑똑한 아이인 것을 기억해 내고
자기 침대에서 잤어요.

엄마의 배 속에는 아기가 있고,
아기는 점점 크고 있었어요.

어느 날 엄마가 병원에 갔는데,
아기가 태어날 때가
되었기 때문이에요.

엄마는 병원에 며칠 머물렀고,
아빠와 조는 모든 것을
스스로 알아서 해야 했어요.

조는 아빠가 청소하고, 요리하고,
또 여러 가지 일을 하는 것을
도울 수 있어서 매우 기뻤어요.

조와 아빠는 집을
엄마와 아기를 맞이할
준비가 되도록 만들었어요.

엄마가 병원에 있을 때,
조는 자기 침대에서
홀로 잘 수 있는 것을
아빠에게 보여 주었어요.

엄마와 아기가 병원에서 돌아왔고,
아빠는 엄마에게 조가 혼자서
자기 침대에서 잘 수 있다고
얼마나 똑똑한 아이인지 얘기하면서
매우 기뻐했어요.

엄마는 조가 아기의
사랑스러운 형이라고 말했어요.

조는 요즘 들어
엄마를 자주 도와줘요.
그리고 그 집에는
네 명의 특별한 사람들이 살아요.

엄마, 아빠, 아기
그리고……

똑똑한 조.

 참고하세요

- 10장의 '최고의 업적'
- 10장의 '과거, 현재, 미래'
- 10장의 '지금까지의 이야기'

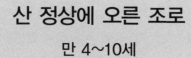

산 정상에 오른 조로
만 4~10세

목표

몇 주 또는 몇 번의 회기 동안의 전반적인 진행 상황을 기록한 기록지를 제공한다. 이 활동은 이미 진행이 완료되어 어떤 결과물이 있는 경우에 사용하기가 훨씬 좋다.

준비물

A4 혹은 A3용지, 색연필, 연필

방법

종이의 오른쪽 끝을 2cm가량 접는다(종이를 세워서). 아동과 함께 종이의 나머지 부분에 산을 그린다. 연필로 산의 아래에서부터 구덩이와 울퉁불퉁한 곳을 포함해 길을 만들면서 정상까지 그린다(p. 74의 예시 참고). 아동은 산에 나무와 바위 등을 그리고 싶어 할 것이다. 하지만 활동이 진행되면서 더 그려 넣어야 할 경우가 있으므로 아동이 2~3개 이상은 그리지 않도록 하라. 아동에게 등산하는 것에 대해 그리고 등산가가 밤을 보내기 위해 등산을 멈추고 베이스에 텐트를 치는 것에 대해 설명하라. 그들은 각 베이스에 깃발을 꽂는다. 여러분과 함께하는 각 회기가 베이스캠프와 같다고 설명해 준다(혹은 만일 여러분이 아동과 자주 만나거나 진행이 꽤 느린 경우라면 각각의 경우에 대안이 될 수 있는 회기). 가장자리를 접고 등산 정도에 따른 목표를 써넣는다. 예를 들어, 야뇨증이 있는 9살 아동이 2주에 4번은 증상을 보이지 않도록 목표를 달성하는 데 사용했던 척도는 다음과 같다.

- 거의 매일 밤 침대에 실례하지 않기
- 14일 중 13일을 침대에 실례하지 않기
- 14일 중 10일을 침대에 실례하기 않기
- 14일 중 8일을 침대에 실례하기 않기
- 14일 중 6일을 침대에 실례하기 않기
- 14일 중 5일을 침대에 실례하기 않기
- 14일 중 4일을 침대에 실례하기 않기

종이의 맨 위에는 항상 성공에 가깝게 쓰지만, 완벽한 성공을 쓰지는 않는다. 몇몇 실수는 용납하고, 아동의 보호자에게 어떤 아이든 새로운 것을 배울 때에는 실수를 범하기도 한다는 것(또한 실수는 절대 처벌받지 않아야 하며 배움의 일부분이라는 것)을 설명하라.

회기가 진행됨에 따라 아동이 달성한 목표를 보여 주기 위해 알맞은 수준의 길목에 깃발을 꽂는다. 만약 아동이 이전 회기보다 퇴보했다면 아동이 길에 몇 개의 바위를 그리게 하자. 그리고 아동과 함께 이전 회기에 비해 진행이 어떻게 되고 있는지 논의하자. 여러분은 이 국면을 타개하기 위해 한 페이지를 문제점이 적힌 바위로 채우고, 그 옆에 해결책으로 곡괭이를 그려 넣고 싶을지도 모른다. 활동을 진행함에 따라 산의 정상 쪽으로 길을 색칠하고, 만약 아동이 퇴보하였다면 길에 알맞은 구덩이를 그려 넣자. 갑작스러운 향상도 꼭 기록하는 것을 잊지 말자. 깃발 혹은 목표를 써 놓은 곳 중 아동이 원하는 곳에 날짜를 써넣거나 각 깃발에 숫자를 써넣고, 여러분만의 노트에 그날그날 기록하자. 아동이 창피한 감정 없이 집에 그림을 걸어 놓을 수 있도록 목표가 적힌 부분은 뒤로 접어 넘길 수 있다.

정상에 다다르면 아동의 업적을 축하하고, 아동을 나타내는 사람과 함께 깃발을 산꼭대기에 그리자. 그 그림은 아동에게 지속적으로 멋진 업적을 상기시켜 줄 것이다(상담실 파일에 보관할 복사본을 만들어 두는 것을 잊지 말자).

 참고하세요

- 1장의 '왜냐하면……'
- 3장의 '성공으로 가는 계단'

산 정상에 오른 조로

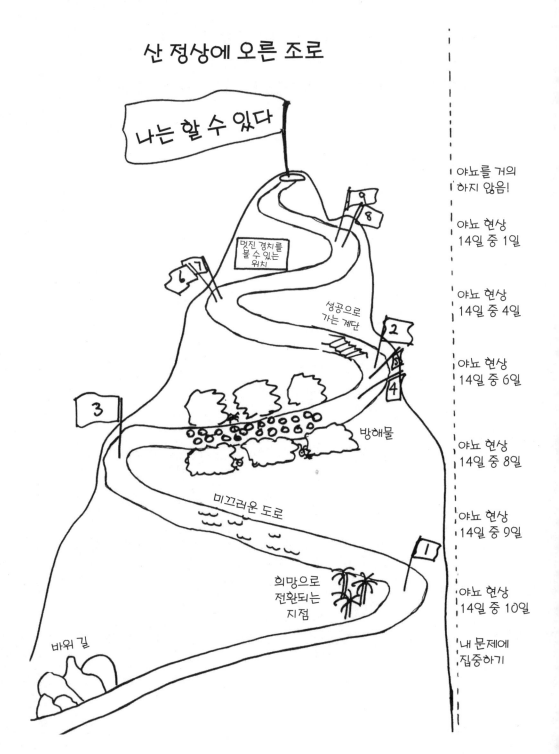

종을 쳐라
만 4~14세

 목표

의미 있는 보상이 따르는 도전과제를 제공함으로써 과업을 완수하는 데 속도를 붙인다. 이 활동은 특히 관심을 얻기 위해 혹은 쉽게 주의가 산만해지기 때문에 활동 중 간식을 먹는 등 꾸물거리는 아이에게 집중을 더해 주기 위함이다. 진행상황은 몇 번의 회기를 통해 모니터 될 것이다.

 준비물

어린아이를 위해 잡지에서 오려 낸 사진 혹은 그림, 알람시계, 조리용 타이머 혹은 종(보호자가 계속해서 매의 눈으로 시간을 볼 수 있다면)

 방법

아동이 꼭 완료해야 할 하나의 과업을 고르거나(이를테면 장난감을 멀리한다거나 침실을 정리하는 것) 일련의 과정을 요하는 과업을 정한다(예를 들어, 학교 갈 준비하기). 수행을 제대로 완료하기 위해서는 구체적으로 무엇을 해야 하는지 정한다—학교 갈 준비를 하는 데에는 각각 최소한의 기준이 있어야 하고 정해야만 하는 여러 가지의 과업이 필요한데, 이를테면 다음에 나오는 예와 같다.

학교 갈 준비하기

- 식탁에 앉아 아침 먹기
- 제대로 이를 닦고, 칫솔과 치약은 제자리에 두기
- 깨끗이 세수하기 — 수건 걸어 두기
- 단정하게 옷 입기(타이를 포함해서)
- 베개 밑에 잠옷 놓기
- 머리 빗기
- 책가방 싸기(점심을 포함해서)

과업을 완료하기 위해서는 부모와 아동 모두의 동의하에 충분한 시간을 할당한다. 우선 과업은 아동이 이전에 행했던 것보다 몇 분이라도 덜 소요되어야 한다(성공을 확신하기 위해). 완료해야 하는 과업 옆에 시간을 분 단위로 적어 두자(예를 들어, 10분 안에 장난감 치우기, 8시 30분 전까지 학교 갈 준비하기 등). 조리용 타이머는 더 어린 아동에게 사용할 수 있고, 시계는 시간을 읽을 수 있는 아동에게 좋다. 프로그램 시작 전에, 과업을 성공적으로 마치면 보상해 주는 것에 대해 미리 약속하라. 적절한 보상이 될 수 있는 것으로는 매점 쿠폰, 맛있는 간식, 새로운 손목시계 차는 것을 허락하기 등이 있다.

프로그램에 매우 열정적이 되어서 아동이 동기를 가질 수 있도록 이 활동을 게임처럼 소개하라. "제자리에, 준비, 출발!"이라고 외치고 타이머를 시작하자. 만약 아동이 '벨을 울렸다'면 보상을 받는다. 만약 아동이 제한시간 안에 해 내지 못하면 보상을 받지 못한다. 열심히 노력했으나 시간 안에 완료하지 못했다면 제한시간이 충분하지 않은 것이다(그래도 아동은 노력에 대한 작은 보상을 받는다). 이 경우, 다음에 좀 더 긴 시간으로 시도하게 해서 성공한다면 점진적으로 그 시간을 줄여 나간다.

 **텔레비전 경주**

텔레비전 프로그램은 일종의 버저 역할을 할 수 있는데, 예를 들어, '내가 아침 프로그램을 보기 전까지 학교 갈 준비를 끝내기'를 들 수 있다.

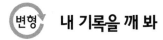 **내 기록을 깨 봐**

더 큰 아동은 단순히 시간을 맞추는 것 자체를 즐긴다(본인의 최고 기록을 갱신하기 위해).

 참고하세요

- 10장의 '과거, 현재, 미래'

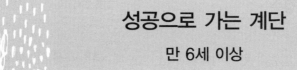

성공으로 가는 계단
만 6세 이상

목표

여러 단계의 프로그램에서 진행사항 기록 방법을 설정한다. 성공을 기록하기 위하여 차트는 치료를 하는 내내 쓰일 것이다.

준비물

A4용지, 연필, 색연필

방법

아동과 함께 계단을 그린다. 계단은 단면일 수도 있고 가장 넓은 맨 아래 계단에서부터 위로 갈수록 점점 좁아져서 높이를 나타내는 것일 수도 있다(p. 81의 예시 참고). 꼭대기에 '성공' 혹은 '네가 해냈어!'라고 쓰고 아동이 원하는 대로 꾸민다.

가장 아래에는 현재의 상황을, 꼭대기에는 목표로 하는 행동을 써서 행동상의 향상을 나타내는 단계를 만든다. 얌전히 식사를 하는 것에 대한 단계는 다음과 같이 만들 수 있다.

- 거의 매일 저녁을 다 먹기
- 일주일에 여섯 번 저녁을 다 먹기
- 일주일에 네 번 저녁을 다 먹기
- 일주일에 두 번 저녁을 다 먹기
- 일주일에 한 번 저녁을 다 먹기

(식사 문제를 여러분이 조정하는 식사의 양으로 할 것인지, 식사를 끝마치는 횟수로 정할 것인지는 아동이 어려워하는 정도에 따라 분명히 한다.)

반드시 긍정적인 행동으로 수용 가능한 단어를 쓰고, '~하지 않기'와 같은 단어는 쓰지 말자. 첫 번째 단계에서는 아동이 이미 달성한 것을 써서 회기를 진행하는 동안 색이 칠해져 있도록 한다. 아동은 각 단계를 달성할 때마다 그 계단을 색칠한다. 아동이 꼭대기에 도달하면 승자의 트로피 따위를 스스로 그릴 수 있다.

 ## 한 걸음 한 걸음

계단은 날짜와 함께 정확한 진행상황을 기록하는 데 쓰일 수 있다. 각 회기마다 아동의 진행상황을 다음 계단에 써넣는다. 이 경우에 아동이 탄력을 받을 수 있도록 몇 개의 단계만을 설정하여 시작하는 것을 기억하라. 그리고 몇 주가 지남에 따라 계단이 얼마 남지 않았음을 확인하고 계단을 더 추가하거나, 진행이 됨에 따라 색연필로 색칠할 수 있도록 계단을 연필로 그린다. 나머지 계단은 지운다. 이 기법을 사용할 때에는 제목으로 궁극적인 목표를 쓰는 것이 중요하다. 예를 들어, '나는 내 침대에서 잘 수 있다.' 처럼 쓸 수 있다.

참고하세요

- 3장의 '산 정상에 오른 조로'
- 10장의 '과거, 현재, 미래'

벽
만 7세 이상

 목표

아동으로 하여금 본인의 행동이 그들 자신과 그들에게 중요한 어른 사이에 감정적인 장애물을 만들 수 있음을 이해하도록 돕는다. 이 과업은 특히 거짓말을 하거나 훔치는 행동을 하는 아동에게 유용하다.

 준비물

색연필, 종이, (변형을 위해서는) 장난감 벽돌 혹은 공작용 점토

 방법

여러분이 직접 그리거나, 아동에게 왼쪽에는 그에게 중요한 어른을, 오른쪽에는 아동 자신을 그리도록 격려한다. 둘 사이에는 거리를 둔다. 그려진 아동과 어른 사이에 웃음과 즐거움과 서로의 이야기를 들어 주는 것을 방해하는 것은 아무것도 없다고 설명한다. 그리고 나서 아동에게 무엇이 그림 속의 즐거움을 방해할 수 있을지 물어본다. 아동이 자신의 어려움에 대해 논의할 수 있도록 돕고, 논의 끝에는 모든 어려움(혹은 어려움의 범주)을 두 인물 사이의 벽돌 안에 그린다(p. 84의 예시 참고). 벽돌을 하나씩 쌓는다. 만약 단 하나의 어려움만 있다면 그것을 벽돌 대신

에 벽으로 그린다. 그런 다음 이 벽돌이 서로를 정확하게 보고 믿으려는 아동과 보호자를 더 어렵게 만들고 있다는 것을 설명한다. 이것이 어떻게 두 사람의 즐거움이나 대화 등을 멈추게 하는지에 대해 말해 본다. 벽이 그려지면 각각의 어려움을 이겨 내는 방법에 대한 논의를 하는 것으로 넘어간다. 각각의 '벽돌'이 논의됨에 따라, ×표시로 지워 낼 수 있다(또는 구멍을 내거나 검은색으로 칠한다).

여러분이 진전하는 방향으로 토의를 마칠 때까지 그림을 떠나지 마라. 앞으로 나아감에 따라 벽은 ×표시로 지우자. 벽이 보이지 않도록 종이를 접는다―이는 그림 속의 아이와 어른이 저절로 가까워 보이게 한다. 이것을 아동의 문제를 해결하기 위한 목표로 삼고 함께 논의한다.

변형 벽돌로 만든 벽

이 활동을 위해 장난감 벽돌을 사용한다. 여러분이 하던 대로 벽돌로 벽을 만들고 아동과 같은 방법으로 대화를 한다. 토론하여 문제가 해결되면 벽돌을 치운다.

변형 벽을 넘어서

공작용 점토를 사용하여 '벽돌로 만든 벽'을 위한 벽돌을 만든다. 보호자와 아동의 모형 또한 만든다. 문제 해결을 위해 토의를 한 후에는 벽돌을 부수고, 부서진 벽돌은 한데 모아 둔다. 보호자와 아동의 모형이 서로 손을 잡거나 포옹을 할 수 있도록 살짝 모형을 변형시켜 준다.

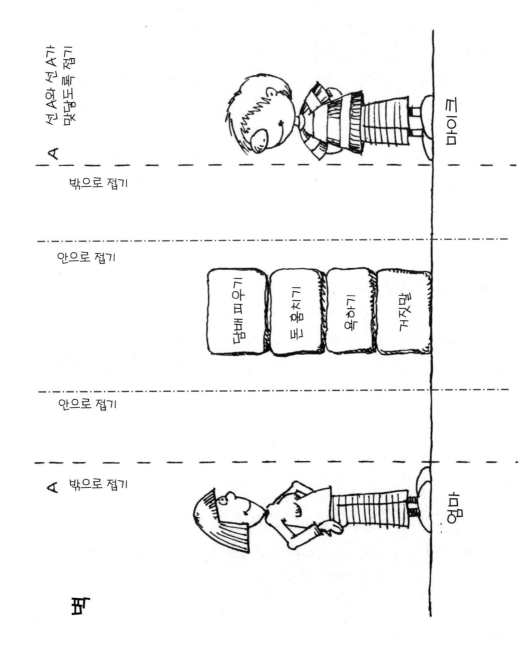

A 선수와 선수가
맞닿도록 접기

밖으로 접기

안으로 접기

안으로 접기

A 밖으로 접기

마이드

합의점

담배 피우기

분 풀치기

울기

거짓말

표

참고하세요

- 1장의 '왜냐하면……'
- 3장의 '성공으로 가는 계단'

> **팁**: 이 기법은 '정복하는 군인(6장)' '나아가는 첫걸음(6장)'과 같은 활동에 적용할 수 있다.

구덩이
만 11세 이상

 목표

아동이 절망적인 기분이 들 때 그들을 도와줄 사람이 있으며, 그들 또한 남이 절망에 빠져 있을 때 도와야 한다는 것을 알게 한다.

 준비물

A4용지, 색연필 혹은 색 펜

 방법

　가운데가 U자로 움푹 패인 간단한 선을 아동에게 그리게 하거나, 여러분이 직접 그린다. 이는 구덩이의 단면을 나타낸다. 아동에게 자신이 구덩이의 어디쯤에 있는 것 같은지 물어본다. 만약 구덩이의 바닥에 있다고 상상한다면 아주 끔찍한 기분인 것이고, 구덩이의 꼭대기에 있다면 기분이 좋은 것이다. 자신이 어디쯤인지 생각하는 곳에 여러분이 혹은 아동이 막대그림(졸라맨 같은)을 그리게 한다. 그러고 나서 구덩이의 꼭대기에 그림 속의 아이를 돕는 사람을 모두 그린다(아동을 구덩이 밖으로 끌어낼 사람). 그들 사이에 밧줄을 그리고 그림 속 아동의 손에 살짝 미치지 못할 만큼 밧줄을 구덩이 안쪽으로 그려 넣는다. 그림 속의 아동이 그 밧줄을 꽉 잡는 데 필요한 것이 무엇인지 아동과 논의하고, 도움의 손길을 얻기 위해 그림 속의 아동 스스로 할 수 있는 최고의 방법이 무엇일지 유추해 나간다. 여러분은 구덩이 속의 아동이 확실히 밧줄을 잡을 때까지 그리는 것을 중단하거나 떠나면 안 된다.

다음의 예시는 학교 적응 실패로 친구를 잃고 부모와의 끊임없는 갈등으로 인해 매우 외로운, 고립된 행동을 하는 열네 살 난 소녀의 경험에 기초했다. 이 활동을 하는 동안 이 소녀에게 도움의 손길이 다가오면 본인이 그것을 사용할 수 있는 방법에 대해 논의하는 방향으로 이끌었다. 이 소녀는 참견한다고 생각하는 사람의 도움은 '방해'로 치부했지만 몇몇 도움은 선택할 수 있게 되었다(치료 회기를 포함하여). 선택을 할 수 있게 됨으로써 소녀는 자신이 점차 구덩이에서 나가는 길을 찾아갈 수 있다는 기분을 느꼈다.

이 활동은 치료의 막바지에서, 바라건대 재점검 활동으로, 아동의 그림이 구덩이에서 거의 빠져나왔을 쯤에 다시 실행하기 유용하다. 그 그림이 어떻게 그 지점에 도달하게 되었는지, 아동이 다시 구덩이로 빠지지 않으려면 무엇을 해야 하는지를 토론할 수 있다.

 참고하세요

- 3장의 '벽'
- 6장의 '나아가는 첫걸음'

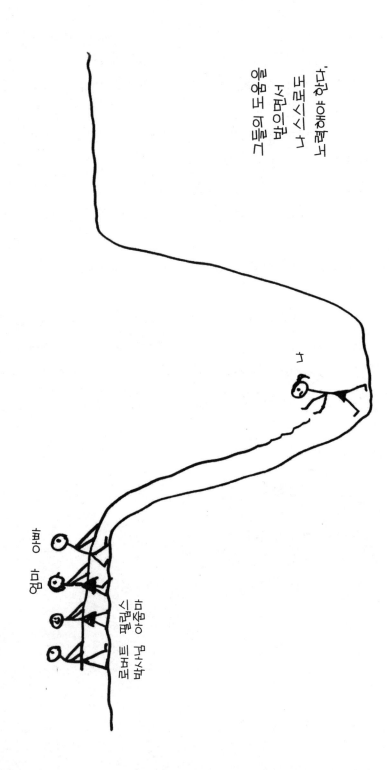

산넘이

그렇게 어려워 보이지 않았는데 그건 생각보다 훨씬 어려웠다.

내가 넘어져도 같이 올라갈 수 있도록 사람들이 도와준다.

손실과 이득
만 10세 이상

목표

아동이 다른 행동을 취하지 않고 특정 행동을 계속하게 하는 요인을 모두 표출하게 하여 아동의 변화된 행동이 가져올 수 있는 이점과 손해를 따져 볼 수 있도록 돕는다.

준비물

A4 또는 A3용지, 펜, 더 큰 아동에게는 화이트보드를 이용하는 것도 좋은 방법이다(하지만 활동 후에는 종이에 옮겨 적을 필요가 있다).

방법

종이에 선 두 개를 그어서 나눈 후, '비용'과 '이득' 혹은 '이점'과 '불이익'이라는 제목을 각 구간의 위에 써넣는다. 그런 다음 한쪽에는 아동이 선택한 부수적인 행동을 써넣고 문제가 되는 행동과 하나 혹은 그 이상의 대안을 쓴다. 예를 들어, '계속 무단결석하기'와 '학교에 출석하기'('전학 가기'도 가능하다)를 적을 수 있다. 너무 복잡해지지 않도록 선택의 수에 제한을 둔다. 그리고 나서 아동에게 각각의 칸에 적절한 장점과 단점을 쓰게 한다(p. 91의 예시 참고).

만약 이 활동이 아동이 변하도록 동기를 유발하는 데 사용되고 있다면, 여러분은 아동의 삶의 다른 영역에 영향을 주거나 장기적인 결과로서 아동에게 일어나지 않을 테지만, 몇 가지 가능한 장단점을 관계나 삶의 방식 같은 것에서 더 생각해 보도록 제시할 수도 있다. 또한 아동에게 각각의 선택에 대한 그들의 느낌을 쓰도록 하자—친근함이 주는 편안함과 두려움은 좋은 이야깃거리다.

 ## 그것의 가치는 무엇일까?

상황이 변화에 가까워지면 아동은 손실과 이득 각각 10점 만점에서 그 중요성에 따라 점수를 매기고 싶어 하고, 각각의 이득을 더하여 모든 손실을 뺀 최종 점수를 얻는다(변화하는 쪽이기를 바란다). 또한 이 활동은 아동에게 무엇이 얼마나 중요한지를 여러분이 볼 수 있게 해 준다.

 ## 그것을 해결하자

더 어린 아동에게는 한 가지의 행동만 사용한다. 예를 들어, '루크랑 놀기'를 들 수 있다. 한 측면에 집중해서 그것에 대한 모든 '좋은 점'과 '좋지 않은 점'의 목록을 만들고(만약 아동이 충분한 나이라면), 같은 방식으로 10점 만점에서 각 항목에 점수를 부여한다.

 ## 참고하세요

• 6장의 '미래의 프로필'
• 9장의 '중요한 항아리'
• 10장의 '과거, 현재, 미래'

손실과 이득

	손실	이득
등교하지 않을 때	- 가정교사가 싫어할 수 있다. - 지루할 것이다. - 많은 공부를 하지 못한다. - 방과 후에만 친구와 만날 수 있을 것이다. - 좋은 교육을 받을 수 없다. - 방과후 운동 동아리에 갈 수 없다.	- 집에서 공부한다면 집중할 수 있다. - 짜증 나는 사람들을 안 봐도 된다.
등교할 때	- 리사와 그의 친구들을 참아 내야 한다. - 리사는 나와 닮은 미술 동아리 회원이다. - 리사 때문에 시험에 집중할 수 없다.	- 내 친구들을 볼 수 있다. - 많은 것을 배울 수 있다 — 미술과 목공을 해 볼 수 있다. - 체육관을 이용할 수 있다. - 엄마가 기뻐한다.
다른 학교로 전학 갈 때	- 전학 간 학교에도 성가시게 하는 사람이 있을 것이다. - 친구들과 헤어져야 한다. - 선생님이 마음에 들지 않을 수도 있다.	- 새로운 출발을 한다. - 리사와 그의 친구들에 대해 신경 쓰지 않아도 된다. - 새로운 친구를 사귈 것이다. - 거기에도 체육관이 있을 것이다. - 집에서보다 더 많은 것을 배울 것이다.

Chapter 4

스트레스 줄이기

불안감을 가진 많은 아동은 신체적인 스트레스와 걱
정을 줄이는 법을 배움으로써 나아진다. 이 활동은 효과
를 배가시키기 위해 세부사항을 아동의 필요에 맞게 조
정하는 것이 중요하다. 이 활동은 다른 많은 치료 목적
과 병행할 수 있고, 아동이 해 내야 하는 더욱 심화된
작업을 준비하는 데에도 도움을 준다.

걱정 상자
만 5~12세

 목표

아동이 두려움과 불안감을 따로 떼어 놓는 법을 배우도록 도움으로써 걱정을 줄여 준다.

 준비물

아동이 보관할 수 있는 작은 상자(부록 1 '상자 견본' 참고), 백지 카드 세트(약 12장, 상자에 충분히 들어갈 정도의 크기) 또는 종잇조각 여러 개

 방법

아동에게 우리 모두가 걱정을 얼마나 많이 하는지에 대해서, 그리고 우리가 인생을 살아가기 위해서는 걱정 상자를 멀리 두어 걱정을 없애는 것이 도움이 된다는 것을 이야기하자. 아동에게 자신의 방식대로 상자를 꾸미게 하고, 걱정 상자를 어디에 둘지 이야기한다. 아동이 걱정을 항상 지니고 다녀야 한다는 생각에서 벗어나도록 상자는 아동으로부터 어느 정도의 거리를 두는 것이 좋다. 예를 들어, 상자를 찬장 깊숙이 넣어 두거나 다른 방에 둘 수 있다. 만약 아동이 어른이 해야 할 걱정을 하고 있다면(예를 들어, 남동생이 너무 버릇이 없다는 것이 걱정이라면), 날

마다 그 상자를 보호자에게 주는 것이 좋다. 이것은 아동으로 하여금 그 걱정이
어른의 책임이라는 것을 인지하게 한다.

다음으로 몇 장의 카드를 가지고 아동이 치워 버리고 싶은 걱정은 무엇인지 물
어본다. 각각의 걱정을 카드 혹은 종잇조각에 적는다. 그러고 나서 절차대로 걱
정을 상자에 넣고, 아동이 그것을 왜 걱정할 필요가 없는지에 대해 긍정적인 이
유를 제공한다. 이제 뚜껑을 닫자. 아동은 상자를 스티커 혹은 테이프로 봉인할
수 있다.

마지막으로, 상의해 둔 장소에 상자를 두거나 정해 둔 장소가 집이라면 상자를
보호자에게 준다. 아동을 돌보는 어른은 상자를 아동이 선택한 장소에 둘 책임이
있다.

몇몇 아동은 상자를 치료사가 보관하기를 바라기도 한다. 이 경우 여러분이 다
음 회기에서 아동과 걱정에 대한 작업을 할 계획이라면 매우 유용하다.

 편하게 잠자기

걱정으로 인한 불면증을 겪는 아이를 둔 보호자라면 매일 밤 상자를 사용하기를
바란다. 보호자는 아동과 함께 그의 걱정에 대해 논의하고, 걱정을 카드에 쓴 다음
상자에 넣도록 한다. 그렇게 아동의 걱정을 없애 준 후 상자를 가지고 간다. 보호자
는 상자를 치우고 아동과 함께 아침에 이야기할 좋은 것 세 가지를 생각한다.

 참고하세요

• 4장의 '소용돌이'
• 6장의 '명확한 사고'
• 9장의 '재구성'

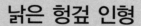

낡은 헝겊 인형
만 6~10세

 목표

긴장감과 편안함의 차이를 가르치고, 아동의 이완 활동에 용이한 방법을 제공한다.

 준비물

작업물을 넣어 둘 프로젝트 파일, A4용지, 펀치, 색연필, (가능하다면) 늘어진 헝겊 인형 혹은 축 처진 곰 인형

 방법

여러분은 아동에게 이완하는 법을 가르쳐 줄 것이며, 그와 함께 아동에게 도움이 되는 책을 만들 것이라고 설명하자. 첫 페이지에는 이완하기에 관한 것과 그것의 의미를 적자. 책의 나머지에는 아동이 집에서 할 수 있는 활동을 적자.

활동을 위한 준비

아동과 헝겊 인형에 대해 이야기한다. 헝겊 인형을 부드럽게 흔들면서 인형이 어떻게 흐느적거리는지 본다. 아동이 인형을 그리고 그 위에 '낡은 헝겊 인형'이라고 적도록 한다. 아동의 언어를 사용(가능하다면)하여 그림 주변에 알맞은 형용사를 써넣는다(p. 98의 예시 참고). 알맞은 단어로는 '느슨한' '늘어진' '축 처진' '흐느적거리는' '가라앉은'이 있다. 여기에 '편안한'을 더하고 여러분과 아동은 낡은 헝겊 인형처럼 아주 편안해 보이도록 시도해 본다. 시각적인 효과가 없다면, 이것을 행동하면서 준비하되 여전히 형용사를 포함하여 그림을 그린다.

활동과 폴더

종이에 '낡은 헝겊 인형처럼 편안해지기'라는 제목을 쓴 후 아동의 이름을 적는다. 아동이 나중에 색을 입힐 수 있도록 글씨를 쓴다(p. 98의 예시 참고). 준비하기 위한 페이지를 포함한 작업의 나머지 모든 부분은 이 주제 페이지의 뒤로 간다. 그다음, 상자 속의 단어를 사용하는데, 이 단어는 아동의 필요와 단어 수준에 맞춘다. 단어를 명확히 쓰도록 하고, 한 페이지에 한 영역 이상이 다뤄지지 않도록 단어를 퍼뜨린다. 그리고 여러분 혹은 아동은 그 단어를 그림으로 나타낼 수 있다.

여러분이 가르칠 기본적인 연습은 점진적인 근육의 이완으로 시작하며, 아동의 수준에 따라 정도를 달리한다. 여러분은 한 번에 조금씩 가르쳐야 하며, 아동에 대해 관찰일지를 작성해야 한다. 여러분이 새로운 근육군으로 이동할 때마다 아동도 함께 연습한다. 여러분이 진행함에 따라 아동은 무엇을 그려야 할지 영감이 더 많이 떠오를 것이다. 아동이 이완하기 이전에는 근육이 긴장됐다는 것을 확실히 알게 할 필요가 있다. 하지만 아동을 불편하게 할 만큼 너무 긴장하게 하지는 않도록 한다. 아동이 긴장 상태를 견디도록 격려하고, 긴장을 서서히 풀게 한다. 이후에 아동이 긴장한 것을 자각했을 때, 그들이 이완 연습한 것을 적절히 사용할 수 있다는 생각을 심어 주는 것은 매우 중요하다.

헝겊 인형은 ○○○이다

엉성하다

푹 젖어 있다

헐렁하다

물컹하다

축 늘어져 있다

이 모든 연습을 배웠다면, 아동은 여러분이 함께 준비한 단어를 활용하며 느긋해진다. 아동은 단어를 집에 가져가기 전에 다른 누군가에게 사용하기를 원할 수도 있다. 이를테면 엄마나 아빠일 것이다.

다음의 활동을 차후 회기에서 하는 것을 잊지 마라. 이완 운동을 이용해 아동을 점검한다. 아동이 충분한 나이라면 기록을 보관하고 싶어 할 것이고, 이완 이전과 이후에 각각 그들의 기분이 얼마나 편안한지 10점을 만점으로 점수를 매길 것이다(부록 3 '긴장 풀기' 참고).

낡은 헝겊 인형처럼 편안해지기

먼저, 얼굴을 찌푸리자
계속 그렇게 하고 있다가……
천천히 풀어 주자
낡은 헝겊 인형처럼
보일 때까지…….

*****

이제 어깨를 귀까지 으쓱 올리자
계속 그렇게 하고 있다가……
천천히 풀어 주자
낡은 헝겊 인형의 어깨처럼
보일 때까지…….

*****

팔을 근육맨처럼 만들어 보자
(근육을 자랑하듯이!)
계속 그렇게 하고 있다가……

천천히 풀어 주자
낡은 헝겊 인형의 팔처럼
보일 때까지…….

*****

가슴이 부풀어 오르도록 숨을 깊게 들이 마시자
계속 그렇게 하고 있다가……
천천히 풀어 주자
낡은 헝겊 인형이 숨쉬는 것처럼
보일 때까지…….

*****

매우 당기는 느낌이 들 때까지 배를 집어넣자
계속 그렇게 하고 있다가……
천천히 풀어 주자
낡은 헝겊 인형의 배처럼
보일 때까지…….

*****

매우 당기는 느낌이 들 때까지 다리를 쭉 펴자
계속 그렇게 하고 있다가…
천천히 풀어 주자
무엇의 다리처럼 보일 때까지?

*****

낡은 헝겊 인형처럼 보일 때까지

참고하세요

• 4장의 '우림을 통해서'

우림을 통해서
만 6세 이상

목표

아동이 시각적 이완 이미지를 통해 더욱 느긋해지도록 돕는다. 녹음테이프를 만들어 각 회기 사이 혹은 진행 중에 사용함으로써 편안해지는 방법을 배우도록 돕는다. 이 활동은 준비하는 데 한 번 이상의 회기가 필요할 것이다.

준비물

펜, 종이, 녹음기, 마이크, 60분짜리 테이프

방법

아동이 가장 좋아하는 장소와 경험에 대해 이야기하자. 아동이 행복하다고 느끼는 기억으로 유도하자—롤러코스터나 귀신의 집 같은 이야기가 아닌 것으로! 여러분의 제안을 몇 가지 더하자. 대안으로 아동이 가장 좋아하는 기억 한 가지를 선택할 수 있도록 여러분만의 목록을 만들어 두는 것도 좋다.

기본적으로 여러분이 할 일은 아동과 함께 지극히 개인적인 이완 테이프를 만드는 것이다. 초반에는 아동이 몸을 쭉 뻗은 후 툴툴 털 수 있도록 격려한다. 이때부터 아동이 그들의 상상을 통해서 문제를 이완시키는 것을 돕는다. 다음의 예시 글을 보라. 이것을 아동의 세대가 좋아하는 것과 싫어하는 것에 맞추는 것은 중요하다. 어떤 감정이든 아동이 좋아하지 않아 이완에 방해가 되는 것은 포함하지 않도록 주의한다.

이야기처럼 글을 쓰되, 아동의 이완에 도움이 될 것으로 보이는 생각을 포함한다. 그것이 없다면 각색하라. 여러분이 협력하여 글을 완성하면, 더 큰 아동에게는 녹음에 대비하여 그들이 글을 아주 천천히 읽는 연습을 하게 하는 것이 좋다. 더 어린 아동 혹은 나이는 더 먹었지만 능력이 떨어지거나 자신감이 부족한 아동에게는 여러분이 직접 녹음해 줄 수도 있다. 테이프가 아동 자신의 것이라고 느낄 수 있도록 아동이 녹음에 함께 참여하도록 노력하라.

글을 매우 천천히 읽되 시작과 끝에서는 그 속도가 미세하게 빨라지도록 한다. 아동이 테이프를 사용하기 전에 '느슨한' 그리고 '꽉 조인'과 같은 아는 단어를 통해 '이완'과 '긴장'을 이해했는지 확인하고, 시각적인 보조물을 사용할 수도 있다. 이를테면 봉제 인형 혹은 헝겊 인형(앞의 '낡은 헝겊 인형' 참고)과 같이 말이다. 아동 자신이 무엇을 하고 있는지 아는지를 확인하기 위하여 그들이 팔 근육을 긴장했다가 푸는 것을 지켜보라. 아동에게 테이프를 들을 때 자신이 우림 속에 있다고 상상해 보라고 설명하자. 아동은 진짜 동물과 냄새, 소리, 풍경 그리고 본인 주위를 맴도는 동물 등을 떠올릴 것이다.

예시 글은 꽤 짧다. 아동에게 맞는 길이를 찾아보자. 더 어린 아동 혹은 긴장이 심한 아동에게는 치료사와 함께 여행을 떠나는 것이 더 편안할 수 있다(다음의 '아홉 살 난 소년' 참고).

예시: 아홉 살 난 소년

목록

– 내가 가장 좋아하는 장소: 우림, 휴가 책자에 나올 듯한 바닷가, 풀로 덮인 곳

– 내가 좋아하는 그 외의 것: 동물과 새, 특히 쥐와 원숭이

녹음될 글 (이 경우 치료사가 녹음함)

우리는 우림 속을 걷고 있어. 준비 됐니? 너의 특별한 스웨터를 입을 시간이야. 한 팔을 들어 한쪽 소매에 뻗어 넣은 다음, 다른 팔도 들어 뻗어 넣자. 팔을 편하게 털어서 스웨터가 부드럽게 감기도록 하면 이렇게 좋고 편할 수가 없어. 이 스웨터는 매우 특별해서 너를 지켜 주고, 너의 기분이 좋고 안정되게 해 줄 거야. 하지만 덥지는 않아.

(이제 글을 더 천천히 읽는다.)

나무에 닿을 때까지 천천히 언덕 아래로 내려가자. 잘 들어 보면 너의 머리 위 나뭇가지에서 새가 노래하는 소리가 들려……. 매우 평화로운 소리야. 꽃은 아름답고…… 햇살은 나무 사이로 빛나고 있어……. 너는 행복하고 만족스러워……. 너는 총총거리며 곡식을 옮기는 생쥐가 있는 들판으로 나와……. 너는 생쥐를 보기 위해 들판에 앉아……. 생쥐는 멈춰서 너를 바라보고, 네가 손을 뻗으면 생쥐가 다가와 너는 생쥐를 쓰다듬어……. 잠시 후 네가 생쥐를 내려놓자 생쥐는 다시 먹을 것을 찾아 떠나. 너는 일어나서 천천히 따라 걸어가. 햇살은 따사롭고, 너는 멀리서 바다 소리를 들을 수 있어……. 오래지 않아 너는 금빛 모래사장 위를 걷고 있는 자신을 발견하게 되고, 네 머리 위에는 커다란 야자나무가 있어……. 너는 따뜻한 모래 위에 누워서 부드러운 바닷소리를 들어……. 너는 파도가 모래와 섞이면서 나는 소리를 듣고 있어. 너는 매우 만족스럽고, 편안함을 느껴……. 이 느낌은 마치 구름 위를 떠다니면서 부드

러운 물결 소리를 듣는 것 같아. 매우 아름답고, 평화롭고, 이곳에서 너는 정말 행복해……. 너는 구름을 타고는 생쥐를 봤던 녹색 들판을 지나 건너편 대륙으로 갔어. 너는 우림 옆에 부드럽게 내려……. 그리고 그곳을 부드럽게 지나가는 자신을 발견해. 원숭이는 한가롭게 네 머리 위의 나뭇가지에서 그네를 타고 있어……. 또 뭐가 보이니? (멈추고) 이 특별한 곳에서 또 어떤 것이 들리니? (멈추고) 잠시 서서 아름다운 창조물인 우림의 소리를 들어 보자.

(보통 읽는 속도로 돌아온다.)

숲에서 나와 우리가 시작했던 곳으로 돌아올 준비가 됐을 때, 한쪽 팔을 쭉 뻗어 다른 한쪽으로 머리를 빼 특별한 스웨터를 벗자. 심호흡을 몇 번 한 뒤, 이완 운동이 끝난 후 천천히 숨을 쉬면서 편안한 기분을 느껴 보자.

 참고하세요

• 4장의 '낡은 헝겊 인형'

'나'의 달력
만 6세 이상

목표

불안해하는 아동에게 예상보다 빨리 일어나는 일을 알도록 도와주고, 그것에 대해 가족과 상의할 기회를 제공한다.

준비물

A4용지 몇 장(미래까지 얼마나 갈 것인지에 따라 결정), 테이프 혹은 풀, 자, 펜 혹은 색연필, 별 모양 스티커

방법

아동이 직접 웃는 얼굴을 그리고, 자신의 이름을 5cm쯤 위에 (세로로) 쓰게 한다. 종이 한쪽에 여백을 두고 선을 긋는다. 일주일간의 날짜(요일과 함께)를 쓰고 (당일로부터 며칠 앞까지만 쓰는 것으로 시작한다), 동시에 '이 주에 무슨 일이 생길지' 아동과 이야기해 본다. 최근 일주일을 예로 들어 아동이 지금까지 해낸 일을 써 내려가고, 무엇을 즐겼는지 그리고 기다리고 있는 다른 행사는 무엇인지 이야기한다. 여러분이 다른 정해진 일(예를 들면, 목요일마다 하는 동아리활동)을 추가적으로 쓸 수 있도록 보호자의 도움을 받아 진행됨에 따라 작은 메모지를 달력 아랫

부분에 붙인다. 아동이 원한다면 그림을 그릴 수 있도록 충분한 여백을 두자. 보호자는 '‘나’의 달력'을 벽에 걸어 두고(침실 문) 아동과 함께 정기적으로 재점검을 해 보도록 장려한다. 아동에게 기다려지는 일에는 별 모양의 스티커를 붙이고, 걱정되는 일에는 '대화'라는 단어를 써 놓게 하자. 보호자는 아동이 '대화'를 써 놓은 일에 대해 아동과 대화함으로써 걱정을 덜어 주도록 한다. 아동이 다가올 일에 대해 더 이상 걱정이 없다면 '대화' 위에 별 모양의 스티커를 붙이도록 한다.

 ## 변형 기쁨 계획서

종합적인 치료의 한 부분으로, 위축된 청소년에게는 적어도 하루에 기다려지는 일을 한 가지씩 써넣은 주간 계획서가 유용할 것이다. 그들이 계획서를 만들 수 있도록 한 회기 동안 목록을 작성한다. 목록에는 작은 일을 포함할 수 있고, '내가 제일 좋아하는 만화책 사기' 혹은 '거품목욕 하기'와 같은 기쁜 일을 포함한다. 이후의 회기에서 재점검을 할 때 학생이 회기 직전에 빈칸을 채운 것이 아니라 앞서서 계획한 것인지를 확실히 파악한다.

 ## 참고하세요

- 6장의 '미래의 프로필'
- 6장의 '나아가는 첫걸음'

소용돌이
만 9세 이상

목표

아동이 어떤 사건에서 스트레스를 받게 되고, 또 그 과정을 어떻게 뒤집을 수 있는지 알도록 돕는다. 이 활동은 긴장과 불안감을 줄여 주기 위해 인지적 행동접근법과 함께 쓰이면 더욱 유용하다.

준비물

색연필, A4용지 2장, 연필

방법

아동이 p. 111의 예시와 같이 각 종이에 소용돌이 2개씩을 그리도록 돕는다. 소용돌이를 그리면서 선과 선 사이에 글을 쓸 수 있는 충분한 간격을 둔다. 첫 번째 소용돌이에는 '점점 더 스트레스를 받는다' (혹은 '불안해진다' '걱정된다' 등 아동의 언어에 따라)를 제목으로 써넣는다. 소용돌이의 바깥쪽부터 시작해서 중앙으로 써 간다. 아동이 자신감을 잃고 스트레스를 받기 시작한 최근의 사건에 대해 말한 것을 바탕으로 한다. "학교에서 속상했는데, 왜냐하면 선생님이 우리 반을 혼냈기 때문이다―내 생각에 내 잘못인 것 같아서 기분이 매우 나빴고, '나는 영어 수업에 영영 적응하지 못할 거야.'라는 생각과 함께 나는 다른 수업도 걱정이 되기 시작했다 - '나는 적응을 못해.'라고 생각했더니 너무 스트레스를 받았다."와 같이 쓸 수 있다.

두 번째 소용돌이의 제목으로는 '스트레스가 점점 줄어든다'를 쓴다. 중앙에서부터 쓰기 시작한다. '나는 너무 스트레스를 받았다'를 중앙에 쓴 다음 글을 잇는데, 예를 들어, "그러나 나는 영어 수업에 적응했던 것을 기억하고, 다시 그럴 수 있다. 나는 내가 언어를 얼마나 좋아하는지, 친구와 같이 공부하는 것을 얼마나 기다렸는지 생각했다. 나는 다시 '나는 적응할 수 있어. 나는 적응할 거야.'라고 생각했고, 수업을 즐겼다."와 같이 문장을 쓴다.

각 소용돌이의 끝 바깥쪽에 '스트레스에서 해방'을 쓰고, 첫 번째 소용돌이에 글을 쓴 방향대로 화살표를 그리고, 두 번째 소용돌이에도 화살표를 그린다. 두 소용돌이에 대해 아동과 논의해 보자. 그러고 나서 또 다른 걱정되는 상황에 대해 아동이 안쪽으로의 소용돌이와 바깥쪽으로의 소용돌이를 그려 낼 수 있는지 보자.

 ## 자유를 향하여

만약 아동에게 소용돌이가 복잡하게 느껴진다면 글을 조각내어 화살표가 그려진 박스 안에 집어넣는다(6장의 '탈출구'와 비슷한 방법으로). 그러고 나서 같은 방법으로, 하지만 반대 방향으로 긍정적인 도표를 그린다. 알맞은 위치에 '걱정에서 해방' 혹은 그와 비슷한 문장을 쓴다.

 ## 풀어내기

이 활동은 거짓말 또는 훔치는 일에 대한 설명을 소용돌이로 나타내는 데 적용할 수 있다. 아동이 거짓말이나 도둑질을 통해 겪었던 부정적인 결과를 안쪽으로 향하는 소용돌이에 써넣을 예시로 사용한다. 예를 들어, '거짓말하는 것은 네 기분을 제어할 수 없을 정도로 핑 돌 때까지 너를 혼란스럽게 할 거야.' 라고 쓸 수 있다. 속임수의 늪에서 상처를 받고 스스로 풀어내는 방법에 대해 아동과 이야기해 보자. 바깥쪽으로 향하는 소용돌이(중앙에서 시작하는)에는 진실에 대한 적절한 글을 쓰자. 이를테면 '진실을 말하는 것은 현실과 마주보는 것을 의미하고, 이는 자신에 대한 신뢰와 용기가 필요하지만 이것은 또한 너를 정직하고 자유롭게 할 거야.'라고 쓸 수 있다. 긴장을 풀어내기 위해 이 두 번째 소용돌이에 대해 이야기해 보자.

 참고하세요

- 4장의 '걱정 상자'
- 5장의 '연습이 완벽을 만든다'
- 6장의 '명확한 사고'
- 9장의 '재구성'

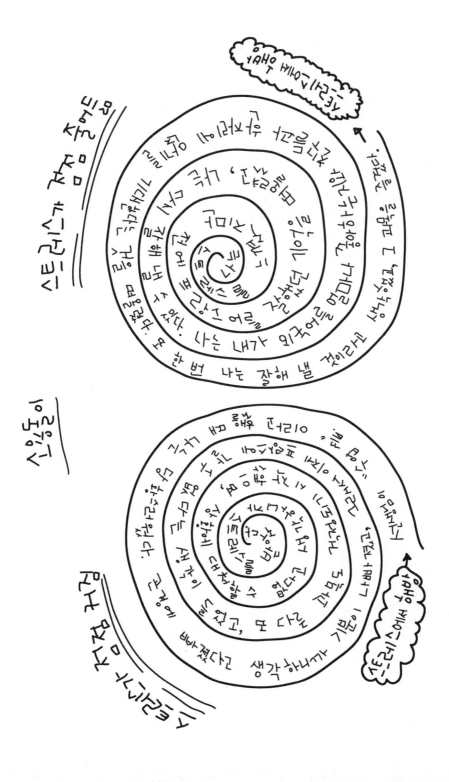

Chapter 5

새로운 기술 배우기

많은 행동상의 문제는 아동 자신이 가족 양식을 변화
시킬 수 있는 능력이 있다는 인식에 기인하거나 아동에
게 사회성과 같은 특정한 영역에서의 기술이 부족하기
때문에 발생한다. 이 장에 제시된 활동은 새로운 기술을
배우는 과정에서 아동의 발달을 강화한다. 이 장의 모든
활동은 어려운 상황을 다루는 새로운 방법을 가르치는
동안 아동이 즐길 수 있도록 고안되었다.

내가 도울 수 있어
만 3~13세

목표

문제 상황에서 책임감이라는 관념을 주입시킨다. 도움이 되는 행동을 통해 아동이 문제행동 양식을 바꾸도록 돕는다.

준비물

A4용지, 색연필

방법

문제행동(아동이 보여 왔던)을 야기하는 상황 및 사건이 어떤 종류인지 밝혀내기 위해 아동과 보호자와 이야기해 보자. 아동이 이러한 행동을 인지하도록 가르치고, 아동이 이러한 신호 또는 자극에 어떻게 대응할 수 있는가 하는 대안적인 전략을 제시한다. 문제행동 양식을 타파하기 위한 전략을 계획하자. 아동이 자신의 진행 상황을 점검할 수 있도록 스티커 판을 함께 만들자. 그리고 제목을 '…… (자극/신호를 받은 사건)할 때, 나는 ~(새로운 전략)를 함으로써 도울 수 있다'라고 쓴다. 부모 혹은 보호자는 아동이 새로운 계획을 세우면 보상으로 스티커를 붙여 준다. 보호자는 '너는 ~로 도와줄 수 있어.'와 같은 방식으로 아동에게 상기시켜 줄 수 있다.

'내가 어떻게 도울 수 있는지'에 대한 몇 가지 예시

- 엄마가 아기에게 밥을 줄 때, 나는 TV를 조용히 보는 것으로 엄마를 도울 수 있다.
- 엄마가 장을 봐 왔을 때, 나는 비닐봉투를 접는 것으로 엄마를 도울 수 있다.
- 엄마가 내 여동생을 씻겨 줄 때, 나는 여동생의 잠옷을 준비해 놓는 것으로 엄마를 도울 수 있다.
- 아빠가 전화 통화를 할 때, 나는 엄마의 말동무가 되는 것으로 엄마를 도울 수 있다.

 내 책임

더 큰 아동에게는 주어진 과업에 대한 강한 책임의식이 그들에게 더 강하고 적극적인 기분을 불러일으키는 경우가 많다. 문제 상황에서 방해가 되지 않도록 하는 방식 대신에 그와 관련된 몇 가지 측면에 책임을 지게 할 수도 있다. 이 작업은 보상과 연결될 때 더욱 잘 이루어질 것이다. 책임감은 그들이 다른 형제와의 관계 혹은 또래 관계에 악영향을 미치지 않는다는 것을 확실히 알려 주도록 한다.

책임감이 포함되는 몇 가지 예시

- 우리가 쇼핑하러 갈 때, 나는 집을 나서기 전에 TV가 꺼져 있는지 확인해야 할 책임이 있다.
- 우리가 쇼핑하고 돌아왔을 때, 나는 엄마와 나를 위해 차를 만들 책임이 있다.
- 엄마가 저녁을 만들어 줬을 때, 나는 상을 차릴 책임이 있다.

 참고하세요

- 6장의 '탈출구'

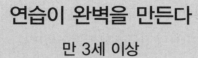

연습이 완벽을 만든다
만 3세 이상

목표

아동이 문제 상황을 긍정적으로 대처하는 방법을 배움으로써 자기 효능감을 높인다. 아동에게 요구되는 새로운 행동을 직접 시연해 보는 것은 아동이 실제로 그렇게 행동할 가능성을 높여 준다.

준비물

펜, A4용지, 별 모양 스티커, (변형을 위해서는) 헝겊 인형

방법

아동에게 문제 상황에서의 새로운 기술을 가르치기 위해서는 아동이 그 기술을 직접 '보고', 그것에 대해 '이야기'한 다음에 '실행'해 보아야 한다. 그러므로 긍정적인 대안 행동의 발달에 능동적으로 참여하기 위해 이 활동은 반드시 필요하다. 더 큰 아동은 이러한 형태의 활동을 즐기는 데 반해, 만 6세 이하의 아동은 변형 활동을 수행하는 것이 더 적합할 것이다.

아동과 함께 A4용지에 아동이 갖고 있는 문제행동과 관련된 긍정적이고 적절한 행동에 대한 '방법' 목록을 쓴다. 예를 들어, '부끄러워하지 않고 전화를 받는

방법' 혹은 '놀리고 괴롭히는 친구를 상대하는 방법' 등을 들 수 있다. 상황에 대처하는 방법은 한 가지만이 아님을 아동이 알게 하자—아동의 나이와 발달단계에 따라 그들은 관련된 사람의 기분을 이해할 수 있다.

아동에게 어떤 일이 일어나더라도 그에 대한 해결 방법을 숙지하고 있게끔, 아동이 써 내려간 것을 보면서 가능한 사태를 모두 포함하고 있는지 아동과 함께 이야기해 본다. 이를테면 전화가 울리자 자동응답기로 넘어가는 경우 혹은 정중한 요청에 대한 누군가의 불쾌한 반응 같은 경우 말이다. 이러한 상황을 어떻게 다룰지 연습함으로써 아동으로 하여금 해결책은 늘 가까이에 있고 어떤 일도 생기지 않을 것이라는 것을 느끼도록 한다.

가능한 상황에 대해서 먼저 아동 입장에서 연습해 본다. 이 방법으로 여러분은 본인이 무엇을 왜 하는지에 대해 다시 한 번 생각해 볼 수 있고, 적절한 행동 양식을 제작해 볼 수 있다. 아동에게 여러분이 어떻게 하고 있는지에 대한 피드백을 요청하거나(다른 사람이 있다면) 아동이 전화기 너머의 상대편 역할 혹은 놀리는 사람 역할을 해 보는 것도 좋은 방법이다. 아동이 적절히 대응하는 것을 배울 수 있도록 이를 여러 번 예행연습한다. 치료사는 아동에게 이미 숙달된 모습보다는 애쓰고 있는 모습을 보여 주는 것이 좋다. 만약 치료사가 노력하는 모습을 보이며 몇 가지 실수를 한다면 아동은 그 모습을 보고 더 노력할 것이다. 재미를 더하기 위해 가능하다면 유머를 더하자.

이제는 아동의 차례다. 아동이 '상대방'(예를 들어, 괴롭히는 사람)인 치료사와 함께 상황을 흉내 내는 것으로 시작한다. 아동이 자신감을 가질 수 있도록 쉬운 상황부터 시작한다. 각각의 예행연습을 하면서 치료사는 건설적인 분석과 함께 '긍정적인' 네 가지 의견을 주도록 매우 주의해야 하고, 아동이 상황을 자신 있게 수행할 수 있을 때까지 같은 상황을 연출해야 한다. 모두 숙달되면 다음 상황으로 넘어간다.

드디어 아동이 실제 생활에서 할 수 있는 쉬운 일을 연습할 차례다. 이를테면 수영장에 전화해서 아동 수강료가 얼마인지 묻기(어떤 쉬운 한 가지 질문) 등으로 아동이 천천히 실제 생활에서의 연습을 더 자신감 있게 하도록 돕는다.

아동이 연습한 것을 기록하도록 하자. 예를 들면 아동이 제대로 할 때마다 스티커 판에 스티커를 붙인다. 아동이 자신감 있게 현실에서 대처할 때까지 지지하자.

 ## 헝겊 인형 연습

더 어린 아동과는 그들이 이해하고 적응하기 쉽도록 상황을 다루는 '규칙'을 연습하자. 예를 들면 갑자기 성질을 부리고 못되게 굴면 어떤 일이 일어나는지 (예를 들어, '생각하는 의자'에 앉기)를 묘사하기 위해 캐릭터 인형(예를 들면, 뽀로로)을 사용하는데, 몇 번의 예행연습을 마친 후에는 아동이 머릿속으로 예행연습을 해 볼 수 있도록, 인형을 가지고 아동에게 "뽀로로가 지금 해야 하는 것은 뭐지?" 등으로 묻는다.

 ### 참고하세요

- 4장의 '소용돌이'
- 6장의 '탈출구'

안전한 손
만 3세 이상

목표

아동에게 불안한 기분이 들 때 누구에게 연락해야 할지를 기억하는 쉬운 방법을 제공한다. 이 활동은 효과적인 아동 보호 활동으로 불안감이 큰 아동도 수행할 수 있다.

준비물

A4용지, 색연필, 펜

방법

빈 종이 위에 아동의 손을 따라 모양을 그린다. 아동에게 어떤 나쁜 일이 일어났거나 불안하거나 또는 그 밖의 일이 있을 때 말할 수 있는 어른을 생각해 보게 한다. 그 사람의 이름을 그려 놓은 손가락에 써 내려간다. 더 큰 아동에게는 엄지는 직계 가족을 나타냄을 알려 주자. 아동에게 전화기 사용법을 충분히 알려 주고, 그림의 손가락에 반지를 그려 넣은 후 "네가 전화 걸 필요가 있는 사람이란다."라고 말해 주자. 아동에게 필요한 전화번호를 써넣자.

반복을 통해 다섯 명의 사람과 전화번호를 암기하도록 한 후 아동에게 묻는다

(이는 즐거운 방법으로 할 수 있다. 이를테면 "나에게 알려 줘—누가 너의 안전한 손 안에 있니?"와 같은 다른 활동을 개입시킨다.). 만약 한 사람이 들어 주지 않거나, 믿어 주지 않는다면 자신의 이야기를 진지하게 받아 줄 다른 사람을 찾아 계속해서 이동해야 한다는 것을 아동에게 이해시킨다. 마침내 아동은 그 손과 함께 있음으로 스트레스를 받아도 함께 이야기할 수 있는 누군가(필요할 때면 언제든)를 기억할 수 있게 된다.

만약 아동이 사람의 이름을 외우는 데 어려움을 겪는다면 집에서 눈에 잘 띄는 곳에 그림을 그려 놓도록 한다. 더 어린 아동은 보호자가 집에서 아동과 함께 연습해 볼 필요가 있다.

변형 안전한 두 손

부모와 연락을 하는 위탁아동 혹은 부모와 같이 살지 않는 아동에게는 양손을 사용하는 것이 유용하다. 양손에는 각각의 상황을 적는다. 예를 들어, '집에서' 또는 '아빠의 집에서'와 같이 말이다. 양손에 적은 것이 아동사회사업가와 같은 사람이어도 상관없다. 아동이 전화해야 할 사람의 번호와 함께 손가락에 반지를 끼우는 것을 잊지 말자.

참고하세요

• 5장의 '나만의 길'
• 6장의 '탈출구'
• 7장의 '나의 기억 책'

안전한 손

전화번호
셀리: 123-4567
제인 숙모: 789-3456

끔찍한 뱀과 마음에 드는 사다리
만 4~11세

 목표

아동이 받아들일 만한 행동과 그렇지 않은 행동을 골라내는 데 도움을 준다. 이 활동은 올바른 사회적 기술과 지금까지의 회기에서 해 온 작업을 돌아보도록 장려한다.

 준비물

A2 혹은 A3 크기의 얇은 종이 혹은 카드, 색연필, 주사위, 말(보드게임에 사용하는 것), 자

 방법

아동과 함께 p. 125의 예시와 같이 격자무늬를 종이에 그린다. 30개 정도의 칸이면 충분하다. '출발' 지점은 왼쪽 아래 귀퉁이에, '도착' 지점은 오른쪽 위 귀퉁이에 두면 좋다. 단순하지만, 반대 방향으로 진행하지 않는 것은 매우 중요하다. 뱀의 끝과 사다리의 시작이 닿지 않도록 조심하면서 아동이 격자 위에 사다리와 뱀을 그리도록 한다. 각 사다리에 아동이 향상시킬 행동을 적고(예를 들어, '엄마를 꼭 안아 준다'), 뱀의 머리에는 용납되지 않는 행동을 적는다(예를 들어, '남동생을

때리는 것').

활동 시 뱀과 사다리 게임(아이들이 하는 보드게임)의 전통적인 규칙을 사용한
다. 교대로 주사위를 던져서 나온 수만큼 이동한다. 뱀 혹은 사다리에 도달한 사
람은 위로 올라갈지 아래로 내려갈지 논의하고, 아동이 그 행동이 왜 그 자리에
쓰여 있는지 이해하도록 돕는다(지나치게 공격적인 여섯 살 아동이 만든 다음의 예시
를 참고하라).

 변형 **위아래로 가는 도시의 길**

어떤 아이들에게는 앞의 격자보다 넓은 게임판이 필요하다. 여기에는 위로 가
는 방향 혹은 아래로 내려가는 방향의 화살표를 그려 준다. 아동은 격자 사이에
진로를 방해하는 충돌(예들 들어, '성질 부리기')을 그려 넣을 수 있다. 가능하다면
말 대신 장난감 자동차를 사용할 수도 있다.

이 게임은 아동의 흥미를 증가시키기 위해 다른 많은 방법으로 사용할 수 있다.

 참고하세요

• 5장의 '나만의 길'
• 5장의 '단어 찾기'
• 6장의 '탈출구'

끔찍한 뱀과 마음에 드는 사다리

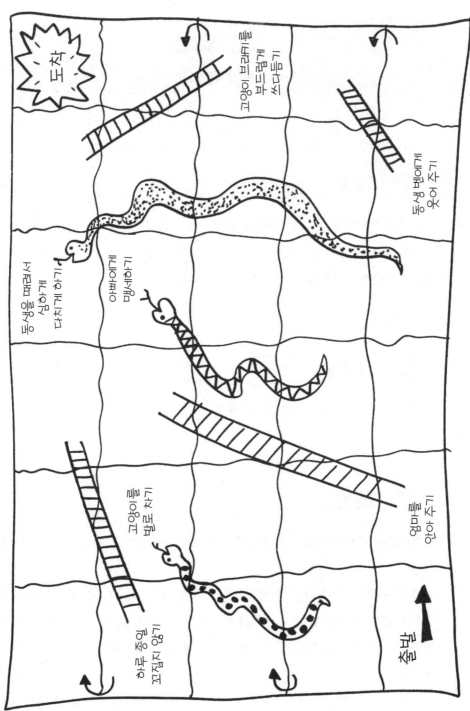

나만의 길
만 4세 이상

목표

관계를 형성하고, 주제를 소개하고, 새로운 기술과 기준을 재미있는 방법으로 강조하고, 어려운 주제에 대한 토론에도 긴장되지 않는 환경을 제공한다. 이것은 재점검과 진행상황의 통합에도 사용될 수 있다.

준비물

색연필, A3용지 혹은 더 큰 종이, 10cm 정도의 카드 12장, 주사위, 말

방법

여러분은 완성된 보드를 사용하거나 아동과 함께 보드를 만들어서 사용할 수 있다.

넓은 종이에 구불거리는 기다란 길을 그린 후 칸을 나눈다. 몇 개의 칸에는 '한 칸 앞으로' 혹은 '한 번 더'를 써넣는다. 또한 '한 칸 뒤로' 혹은 '한 번 쉬기'도 써넣는다. 몇 개의 칸에는 '＊'을 그리고, '시작'과 '도착'을 써넣는다(p. 128의 예시 참고).

그리고 나서 작은 카드(10~12개)에 일련의 문장을 적어 넣는다(p. 128의 예시 참

고). 반드시 긍정적인 카드('두 칸 앞으로' '한 칸 더'와 같은)가 부정적인 카드('한 번 쉬기' '한 칸 뒤로'와 같은)보다 더 많도록 한다. 카드는 보드의 가운데에 쌓아 둔다. 게임에 쓰였던 카드의 뒷면에는 보드 위에 그려져 있는 *를 똑같이 그리도록 한다.

놀이 예시

불안: 엄마에게 말 걸기 – 두 칸 앞으로
여동생과 함께 놀기 – 한 칸 앞으로
아빠와 포옹하기 – 세 칸 앞으로
나쁜 꿈에 대해 엄마에게 말하지 않은 것 – 두 칸 뒤로

학교: 학교에서 있었던 일을 엄마에게 말한 것 – 세 칸 앞으로
수업 시간에 조용히 한 것 – 두 칸 앞으로
숙제를 다 한 것 – 네 칸 앞으로
내가 못되게 군 것을 선생님께 말하지 않은 것 – 두 칸 뒤로

화장실: 화장실에 가고 싶을 때 엄마에게 말한 것 – 네 칸 앞으로
하루 종일 소변 실수를 하지 않은 것 – 세 칸 앞으로
쇼핑 가기 전에 화장실에 가는 것을 잊은 것 – 두 칸 뒤로

나만의 길

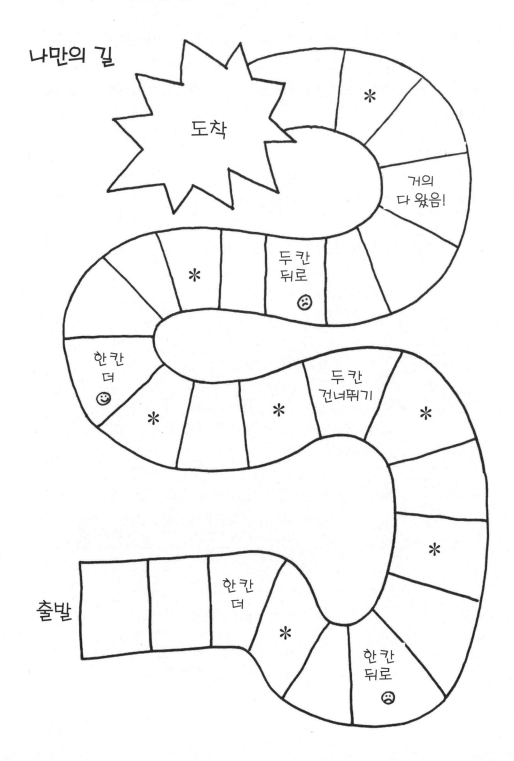

말 혹은 작은 물건과 주사위를 사용해서 '나만의 길' 게임을 한다. *에 다다른 사람은 카드 한 장을 뽑고, 그 지시에 따라야 한다. 각 카드의 지시에는 이유가 있다(이를테면 '화가 날 때에는 10까지 세기—한 칸 앞으로'). 그리고 이 주제는 기술 혹은 아동의 행동을 연마하여 더 일반적인 토론으로 나아갈 수 있게 한다. 카드를 읽을 수 없는 어린 아동의 경우, 아동의 자부심을 위해 필요하다면 여러분이 게임에서 질 수 있도록 카드가 지시하는 움직임을 알맞게 조정해 움직인다. 글을 읽을 수 있는 아동에게는 이러한 방법을 적용하기 어려우므로 추천하지 않는다. 아동이 게임을 하는 태도 혹은 그들의 문제에 대해 토론한 것에 대해 칭찬해 준다.

이 게임은 새로운 카드를 이용해서 다양한 주제를 다룰 수 있다. 하지만 한 번에 한 가지 주제만 적용하는 것이 좋다. 예외로 치료의 막바지에서 전체적인 활동을 재점검할 때만 제외하고 말이다.

 ## 역할극을 통한 나만의 길

그룹일 경우, 게임 시간이 좀 길어지더라도 두 명 이상이 게임을 할 수 있다. 하지만 너무 많은 사람이 참여하여 아동이 차례를 기다리는 시간이 길어지면 게임이 지루해진다. 역할극처럼 그룹이 하는 게임은 사회적인 기술과 같은 주제를 다루는 게임을 할 때 더 흥미롭게 만든다.

나에 대한 게임

'나에 대한 게임'은 더 어린 아동이 관계 형성을 하는 데 유용한 활동이다. 만약 그들이 면대면 상황에서 쑥스러워한다면, 그들은 대부분 보호자와 게임을 즐기는 데 그칠 것이다. 아동이 즐기는 활동이 무엇인지에 대해 모아 둔 정보를 카드에 적용할 수 있다(1장의 '내 세상' 참고). 그러나 그들이 즐기지 않는 항목을 포함시키도록 하며, 플레이어가 뒤로 움직일 수 있는 카드를 만들려고 노력해라.

 참고하세요

• 5장의 '끔찍한 뱀과 마음에 드는 사다리'
• 5장의 '단어 찾기'

단어 찾기
만 8세 이상

목표

특정한 회기를 재점검하거나 새로 배운 기술을 강화하기 위함이다. 이 활동은 읽기와 맞춤법에 능숙한 아동에게 적절하다.

준비물

연필 혹은 볼펜, 단어 찾기 워크시트 2장(부록 4 '단어 찾기' 참고)

방법

부록으로 제공된 단어 찾기 워크시트를 사용한다. 아동에게 한 장을 주고, 여러분이 한 장을 갖는다. 종이의 윗부분에 아동의 어려움에 도움이 될 만한 구절과 상대편이 찾아야 하는 단어 혹은 구절을 써넣는다. 예를 들어, '편안해지는 방법'(독서하기, 목욕하기, TV 보기, 걷기, 엄마를 꼭 껴안기 등) 혹은 '내가 동생을 더 이상 안 때리면 엄마의 기분은 어떨까?'(기쁘다, 편안하다, 행복하다, 좋다, 안심한다, 자랑스럽다 등) 등을 쓸 수 있다. 아동에게 먼저 단어를 써넣도록 한 후, 남은 공간에 다른 글자를 채워 넣는 것이 제일 좋은 방법이라고 알려 주자. 여러분이 단어를 다 찾았는지 알아내기 위해 아동이 단어 목록을 가지고 있도록(그것을 여러분에게 보여 주지는 않게) 하자. 아동이 이것을 만드는 동안 여러분은 아동이 풀어야 할 시트를 만든다. 더 어린 아동에게는 여러분이 써넣은 단어를 쉽게 찾을 수 있도록 만든다.

둘 다 '단어 찾기' 시트를 만들었으면 서로 바꾼다. 아동이 여러분의 것을 푸는 동안, 여러분은 아동의 것을 푼다(어떤 아동은 엄마와 같은 사람이 단어를 찾아볼 수 있도록, 여러분이 자신의 시트에 표시하지 않고 따로 목록을 작성하기를 바랄 것이다). 아동의 시트에서 기이한 단어나 맞춤법 실수를 발견하더라도 당황하지 말자. 이런 경우에는 아동에게 도움을 구하자! 나중에 여러분과 아동이 썼던 단어에 대해 논의해 보고, 또 다른 알맞은 단어에 대해서도 이야기해 보자.

 브레인스토밍에서 단어 찾기까지

이 활동은 그룹으로 하기에 좋다. 또한 이것은 강화 학습의 재점검으로도 유용하다. 예를 들어, '긴장감 다루기' 혹은 '공황 극복하기' 와 같은 특정한 주제를 고른다. 알맞은 전략을 종이에 써 내려가기 위해 브레인스토밍을 사용한다. 한쪽에는 브레인스토밍의 결과를 써넣는다. 각각의 아동에게 브레인스토밍을 통해 얻은 10개의 단어 혹은 구를 사용하여 워크시트를 완성한 후 다른 친구가 풀게끔 한다. 단어 찾기의 마지막에는 그룹의 리더가 단어 찾기에서 사용된 모든 단어를 모아서 원래의 브레인스토밍 목록과 비교해 본다.

 참고하세요

- 5장의 '나만의 길'
- 5장의 '끔찍한 뱀과 마음에 드는 사다리'

Chapter 6

대처기술 향상시키기

이 장의 활동은 지난 장에서 소개된 활동의 후속으로 고안되었다. 가능한 변화 속에서 아동이 자신의 역할을 이해하는 데 더 큰 도움을 제공할 것이다.

이 장에 포함된 활동은 문제 해결을 하려는 아동을 도울 것이다. 이 장의 활동에 내재된 부분은 아동의 생각을 넓힘으로써 그들의 세상을 새로운 방법으로 풀이하고, 그들의 미래를 찾게 할 것이다.

전 투
만 6세 이상

목표

아동이 그들의 문제를 극복하려 할 때, 그들을 도와줄 사람과 도구가 있음을 인지할 수 있도록 돕는다. 특히 강박사고로 인한 강박행동을 줄이는 데 도움을 주기에 유용하다.

준비물

A4 혹은 A3용지, 색연필

방법

아동이 그들의 문제를 극복하려 할 때, 어떤 사람이 그들을 도울 수 있는지, 어떤 전략을 쓸 수 있는지에 대해 아동과 함께 이야기한다. 이외의 것들은 그것에 맞서 진행될 것이다. p. 136의 예시와 같이, 아동에게 종이의 양쪽(오른쪽과 왼쪽)에 군인들을 그리게 하자. 한쪽에 군인을 더 많이 그리도록 한다. 이를테면 오른쪽에 다섯, 왼쪽에 셋을 그린다(p. 136의 예시 참고). 군인이 더 많은 쪽이 도움을 주는 쪽이고, 각각의 군인은 전략·기술 혹은 아동의 진행을 가능케 해 주는 유용한 사람을 나타낸다. '엄마 장군' '오락기술 선장' '대처기술 상병' '기억력 중

위' 등을 예로 들 수 있다. 반대편에는 아동의 취약점을 써넣는다. 예를 들어, '잊어버리기 중사' '게으름 상병' '긴장감 장군'을 쓸 수 있다.

아동에게 군인의 무리 사이에 화살, 대포 그리고 다른 알맞은 무기를 그리도록 하자. 아동의 입장에서 각각의 항목을 어떻게 최선의 방법으로 쓸 수 있는지 함께 논의하면서 각 군인에게 항목을 하나씩 쓴다.

다음의 예시는 강박장애(OCD)를 가진 아홉 살 난 남자아이의 작품이다. 너무 걱정이 많아서 자신을 도와줄 사람 혹은 방법을 모르는, 극도의 긴장감을 가진 아동과 함께 진행하기에 매우 유용한 활동이다.

 참고하세요

- 3장의 '산 정상에 오른 조로'
- 6장의 '정복하는 군인'

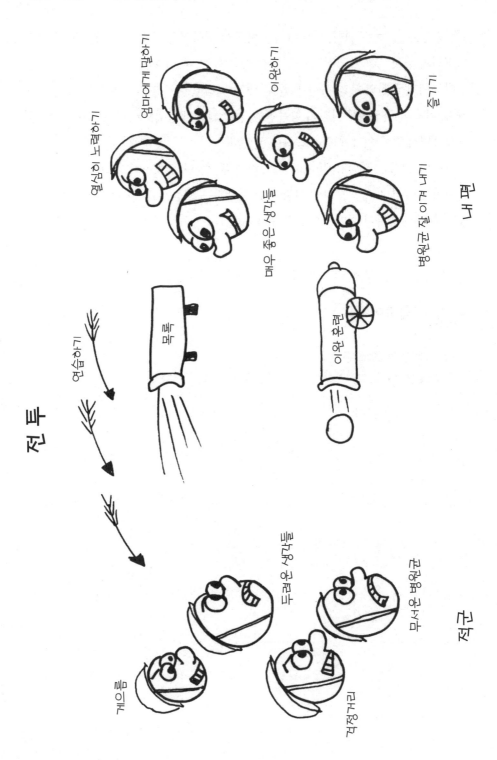

명확한 사고
만 7∼14세

목표

이것은 아동에게 도움이 되는 것과 훼방이 되는 것을 인식할 수 있도록 생각을
정리하는 것을 돕기 위해 고안된 인지 기술이다. 이는 또한 아동이 긍정적인 생각
을 할 수 있도록 돕는다.

준비물

색연필, A4용지

방법

아동이 걱정하는 어떤 것이든 알아내거나, 자존감을 깎아내리는 생각을 알아낸
다. 여러분이 이것에 관해 조금이나마 정보를 모으게 되면, 두 개 혹은 세 개의 들쭉
날쭉한 모양(p. 139의 예시 참고)을 팔, 다리, 눈과 함께 종이의 왼쪽 아래에 그린다.
이 그림은 '도움이 안 됨' 혹은 '나를 좌절시킴'이므로 조금 험상궂게 그리는 것을
아동이 즐기기도 한다. 아동만의 표현을 사용해서 도움이 되지 않는 생각을 담은
말풍선을 그린다. 예를 들어, '아무도 나랑 놀지 않아.'와 같은 문장을 써넣는다.
'도움이 안 됨'의 옆에는 '도움이 됨' 혹은 '용기가 남'을 써넣자. 그리고 다정

한 표정을 그려 넣자. 도움이 되지 않는 각각의 생각은 적어도 하나, 가능하면 두 개의 도움이 되는 생각과 매치가 되도록 한다. 예를 들어, '조이는 어제 나와 놀았다.' 그리고 '내가 놀자고 하면 그들은 항상 나와 놀아 준다.' 와 같은 문장을 쓰도록 한다. 아동은 처음에 도움이 되는 생각을 먼저 떠올릴 필요가 있다. 여러분은 가급적 아동의 언어를 사용하고, 아동이 긍정적인 생각으로 행동의 발전을 보이면 그것을 칭찬해 준다. 도움이 안 되는 생각이나 걱정이 떠올랐을 때, 아동의 머릿속에 어떤 생각을 떠올리는 것이 좋을지에 대해 이야기해 본다.

숙제로 '도움이 됨'을 종이 위에 그려 넣고, 아동에게 다음 회기 준비를 위해 빈칸을 채워 오게 한다. 여러분이 숙제를 점검할 때, 그것이 정말 도움이 되지 않는 생각이라면 아동이 도움이 되는 생각으로 바꿔 쓸 수 있도록 돕는다. 더 어린 아동에게는 긍정적인 생각의 수만큼 별 모양의 스티커를 준다.

 ## 생각 칼럼

더 큰 아동과는 앞의 활동이 '도움이 되지 않는 생각' 그리고 '도움이 되는 생각' 이 두 가지의 칼럼으로 행해질 수 있다. 아동의 사고를 긍정적으로 바꾸기 위해 도움이 되지 않는 것이 생겨날 때마다 그에 대한 하나 이상의 도움이 되는 생각을 떠올릴 필요가 있음을 강조한다. 더 큰 아동은 그들이 자신과 같은 고민과 걱정을 하는 친구를 돕는다는 상상을 하면 활동이 더 쉬워진다는 것을 알게 된다.

 ## 참고하세요

- 6장의 '정복하는 군인'
- 6장의 '스스로 대화하기'

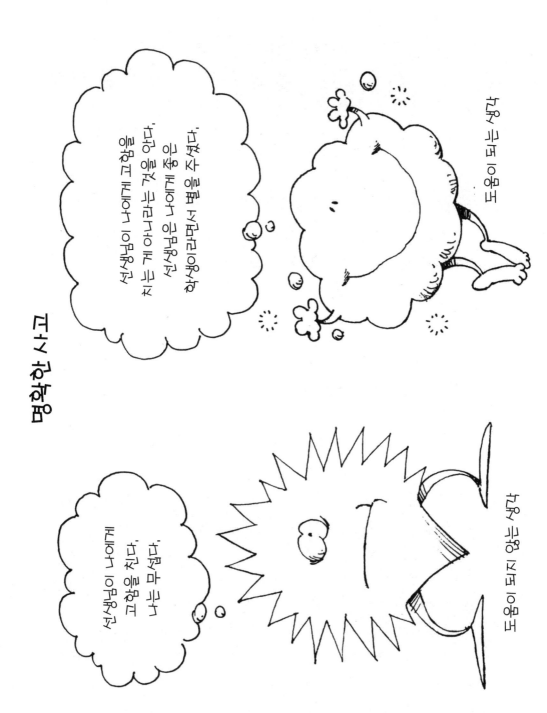

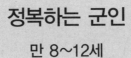

정복하는 군인
만 8~12세

목표

아동이 자신에게 도움이 될 만한 사람 혹은 전략을 찾아냄으로써 특정한 문제 행동을 멈추도록 돕는다. 아동에게 변하고자 하는 동기를 부여한다.

준비물

A4용지, 색연필

방법

이 활동을 준비하기 위해 아동이 문제에 처했을 때 도와줄 수 있는 것 혹은 사람에 대해 아동과 함께 이야기하자. 목록에는 전에 시도했던 전략을 포함하자. 이미 포기했던 것도 써넣는다. 스티커 판과 같이 여러분이 사용했던 어떤 것이든 포함하도록 한다. 그리고 그것의 목록을 만들자.

다음으로 A4용지의 거의 전체를 차지하게 군인(아동) 한 명을 그린다. 이 군인이 갑옷과 투구와 검까지 들고 있다면 더 좋다(p. 142의 예시 참고). 이제 투구, 검, 방패 그리고 다른 무기에 이름을 붙인다. 이를테면 '도움을 주는 투구' '엄마에게 말하는 검' '내가 할 수 있다고 믿는 샌들' 등이 될 수 있다. 아동만의 언어를 사용하도록 하자. 재치 있는 단어를 쓰려고 너무 많은 시간을 쓸 필요는 없지만 가끔 그러한 시간이 아동과의 토론을 자연스럽게 만들기도 한다.

이것이 끝나면 아동이 그린 그림을 집 벽에 붙여 놓고 문제를 어떻게 다뤄야 할지에 대해 항상 상기할 수 있게 한다. 몇몇 아동은 자신이 어떤 행동을 기억하고 사용하게 될 때마다 체크해 두는 것을 좋아할 수도 있다.

이 활동은 더 복잡한 문제, 이를테면 품행장애와 같은 문제에 대처하기 위한 전략의 모음을 나타내기 위해 쓰일 수도 있다. 이런 경우 저마다의 문제에 각각 대응할 수 있는 전략을 찾을 수 있을 것이다. 다음의 예시는 거짓말을 포함하여 기물 파손, 도둑질, 무단결석 등으로 어려움을 겪던 14살 난 아동의 그림이다. 치료의 한 부분은 아동에게 자신의 행동에 대해 책임감을 갖도록 돕는 것이었다. 이 과업을 수행하면서 아동이 변화를 시작할 수 있고, 그의 삶을 조절할 수 있도록 돕는 다양한 분야를 접목시킨다. 그리고 아동의 어머니에게는 그녀가 계획에 어떻게 포함되어 있는지 알린다. 그렇게 함으로써 아동의 어머니는 항상 혼내는 역할이 아닌 아동을 돕는 역할을 하게 된다.

 안전한 군인

이 활동은 아동 보호 활동으로도 사용될 수 있다. 학대받은 경험이 있는 아동은 자신의 군인을 자신을 보호하는 방법으로 꾸민다. 이를테면 '달리기 위한 샌들' '탈출하는 방법을 생각할 수 있는 투구' '아니라고 외칠 수 있는 검'과 같이 쓸 수 있다.

정복하는 군인

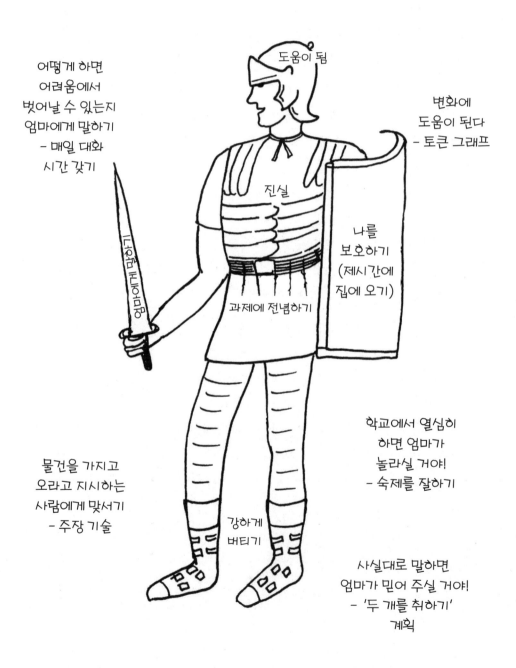

참고하세요

• 5장의 '안전한 손'
• 6장의 '전투'
• 6장의 '탈출구'

탈출구
만 8세 이상

목표

아동에게 자신의 행동으로 사건의 방향을 바꿀 수 있음을 보여 주기 위함이다. 특히 이 활동은 남을 화나게 하는 행동을 자주 하는 아동에게 효과적이다.

준비물

A3용지 한 장 혹은 A4용지 여러 장, 풀, 색연필(적어도 두 가지 색)

방법

아동과 어른으로부터 아동이 곤경에 처했었거나 매우 속상해했었던 사건에 대한 정보를 수집한다. 아동과 함께 그 사건을 그의 감정 혹은 다른 것을 포함한 작은 요소로 나누어 본다. 큰 종이에 첫 번째 요소를 적고, 네모를 그린다. 그리고 나서 다음 요소로 연결되는 화살표를 그린다. 이러한 방식으로 한 사건이 다른 사건으로 이어지도록 그린다(p. 146의 예시 참고). 나중에 네모를 더 그릴 수 있도록 가장자리에 충분한 여유를 둔다. 아동의 나이 혹은 그들의 특정한 흥미에 따라 여러분은 '재앙이 닥친 동굴을 탈출하기' 혹은 '지하 감옥으로 떨어지는 방'으로 묘사할 수 있다. 여러분은 아동에게 동굴에서 안전한 지역으로 나가는 길을 찾을 것임을 설명한다.

모든 칸을 이었다면, 아동이 곤경에 처한 지점을 표시하자. 이 지점에 눈에 잘 띄게 '곤경에 처함'이라고 써 놓자. 만약 아동이 비유하기를 좋아한다면 불꽃이나 용 무늬를 그려 넣을 수도 있다.

이제 '탈출구' 혹은 '문제 해결'이라고 적힌 칸을 그린다. 이제 위험한 지점에서 안전한 곳으로 연결되는 '구명줄' 혹은 '탈출구'를 그리기만 하면 된다.

첫 번째 칸으로 돌아가서, 아동이 그의 행동을 다른 방향으로 선택할 수 있도록 칸을 따라간다. 이러한 칸을 *로 표시하거나 칸 밖에 문을 그린다. 어떤 색이 문을 나타내고 어떤 색이 탈출구를 나타내는지 그림에 표시한다. 이는 반드시 원래 칸의 색과는 다른 색이어야 한다(다음의 예시에서는 점선과 구름 모양의 테두리를 사용했다).

아동에게 각각의 지점에서 어떻게 하는 것이 좋을지 제안해 보도록 하고, 그것에 대해 논의한다. 아동을 문제상황에서 빠져나오게 하는 데 도움이 된 것만 써 놓는다. 아동이 탈출할 수 있는 가능한 한 많은 장소를 그린다. 아동에게 그들이 더 깊은 지하 감옥에 있을수록 탈출은 더 힘들다는 것을 설명하자. 이러한 제안은 '탈출구' 혹은 '문제 해결'로 이어지도록 한다.

다음의 예시는 우리가 자신이 말한 대로 하기를 원치 않는 아동과의 작업 중에 종종 마주하는 전형적인 상황을 보여 준다. 그들은 잘 따지고, 무시하는 행동을 보이며, 그들의 부모 앞에서 욕을 하기도 한다. 아동이 어떻게 반응하고 어떤 것이 또 다른 어떤 것으로 이어지는지 파악하기 위해 아동을 돕는 단계를 적어 나간다. 이는 새로운 방식의 반응과 함께 새로운 행동 양식을 이끌어 낼 수 있는 실험을 시작할 이유를 준다.

아동이 자신의 그림에 대해 보호자에게 설명하게 한다. 만약 보호자가 이 접근법에 자신감이 있다면 보호자에게 다음 회기가 오기 전까지 아동과 이 활동을 하기를 요청한다. 그 후의 회기에서 아동에게 이 활동을 한 것을 묘사해 보도록 한다. 그들은 아마 여러분에게 그들이 어떻게 좋은 길을 택했고 나쁜 길을 피했는지에 대해 써 내려갈 것이다.

우리는 이 활동을 사용해 오면서 '탈출구'를 사용함으로써 문제 상황 속에서의

선택의 순간 ✳

탈출구 ----▷

시작

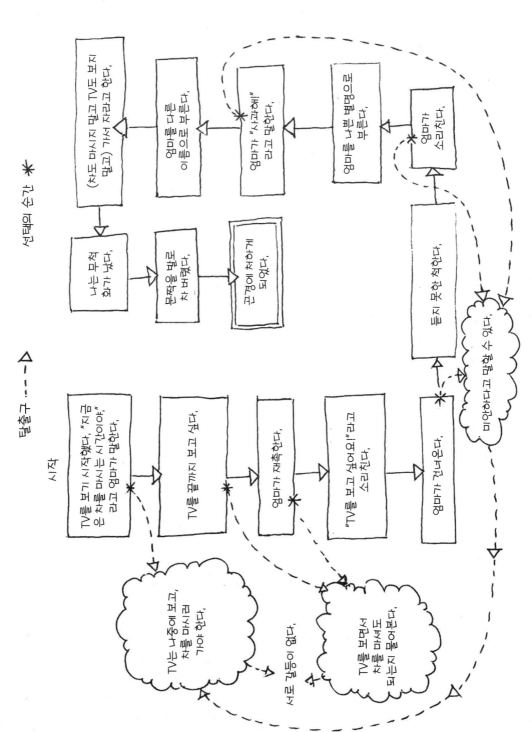

TV를 보기 시작했다. "지금은 차를 마시는 시간이야." 라고 엄마가 말했다.

TV를 끝까지 보고 싶다.

엄마가 계속한다.

"TV를 보고 싶어요." 라고 소리친다.

엄마가 건너온다.

들지 못한 척한다.

미안하다고 말할 수 있다.

TV는 나중에 보고, 차를 마시러 가야 한다.

서로 말들이 없다.

TV를 보면서 차를 마셔도 되는지 물어본다.

(차도 마시지 말고 TV도 보지 말고) 가서 자라고 한다.

엄마를 다른 이름으로 부른다.

엄마를 "사과해" 라고 말한다.

엄마를 나쁜 별명으로 부른다.

엄마가 소리친다.

나는 무척 화가 났다.

물쩍을 발로 차 버렸다.

곤경에 처하게 되었다.

자신의 역할을 깨닫게 된 부모로부터 힘을 얻고 있다.

 ## 안전으로의 탈출

이것은 어려운 상황에서 탈출하는 길을 찾아 주기 위한 아동 보호 활동으로 사용될 수 있다. 하지만 만약 그들이 제시간에 탈출하지 못했다고 해도 그것은 그들의 잘못이 아님을 상기시켜 주고, 그런 일이 다시 일어난다면 그들이 안전하길 바란다고 말해 주자.

 ## 가족 탈출구

이 같은 활동은 온 가족이 아동의 행동 양식을 어떻게 바꾸는지 살펴보기 위한 가족 치료 방법으로도 사용될 수 있다. 아주 넓은 종이와 가족 구성원 각자가 다른 색 펜을 사용한다.

 ## 참고하세요

• 3장의 '손실과 이득'
• 4장의 '소용돌이'
• 5장의 '안전한 손'
• 6장의 '정복하는 군인'

스스로 대화하기
만 9세 이상

목표

아동이 자신의 생각하는 방식을 이해하고 긍정적인 진술을 연습하는 것을 도움으로써 특정한 문제 상황에서 자동적으로 긍정적 사고를 할 수 있게 촉진시킨다.

준비물

색연필, A4용지, 2×6cm의 카드 여러 장

방법

아동과의 작업을 통해 여러분은 어떤 상황에서 아동이 부정적인 생각을 하는지 알 수 있을 것이다. 아동의 문제상황과 연관된 몇몇의 시나리오를 아동에게 제공한 후, 그들의 생각을 적게 한다―그들은 이것을 이해하는 데 어떤 견본이 필요할 수도 있다. 종이의 한쪽에 충분한 간격을 두고 이것을 적어 내려가자. 여러분은 다양한 긍정적인 대안을 생각해 내야 하기 때문에 이 목록은 철저하지 않아도 된다. 일단 아동이 여러분에게 그들의 생각을 말하면, 여러분은 이것을 몇 가지로 분류할 수 있다. 예를 들어, '자신감 부족' '남들에 대한 신뢰 부족' '완벽주의'를 들 수 있다. 이러한 새로운 분류로 아동이 이해할 수 있는 문장을 넣고, 아동이 가능한 한 많이 '스스로 대화하기'를 하도록 한다. 아동을 조금은 설득할 필요가 있을 것이다. 아동의 언어를 가능한 한 많이 사용하여 그들을 격려한다.

긍정적인 '스스로 대화하기' 의 예시

- 내가 사랑할 수 있는 만큼 나를 사랑할 수 있다.
- 우리 모두는 실수를 하고, 나는 완벽하지 않다.
- 나는 내가 실수한 것을 받아들일 줄 안다.
- 나는 남이 실수한 것을 잊을 줄 안다.
- 나는 실수하면서 배울 수 있다.
- 나는 사람을 믿는 법을 배울 수 있다.
- 나는 새로운 것을 할 수 있고, 실패의 위험을 감수할 수 있다.
- 나는 생존자다.
- 나는 이상한 사람들 때문에 상처받지 않을 것이다.
- 나는……을 성취할 것이다.
- 나는 사랑받을 거고, 사랑스러운 아이다.
- 좋은 일 뒤에는 나쁜 일이 따른다.
- 나는 할 수 있다.
- 10까지 세고 다시 한 번 생각한다.

각각의 문장을 지갑에 들어가기에 충분한 크기의 카드에 따로 써넣는다. 아동이 5개의 가장 중요한 스스로 대화하기를 고르도록 한다. 그리고 아동이 어려움을 겪을 때 자극받을 수 있도록 그것을 가까운 곳(아동이 결정하도록 한다)에 보관하도록 한다. 이후 회기에서 더 많은 스스로 대화하기가 발생할 것이고, 가까이 보관했던 카드의 위치를 옮길 수도 있을 것이다.

 **매일의 용기**

만약 더 큰 아동이 일기장을 보관하고 있다면, 그들은 긍정적인 스스로 대화하기를 그날그날 일어난 일에 맞춰 쓸 수 있을 것이다.

 참고하세요

- 6장의 '전투'
- 6장의 '명확한 사고'
- 6장의 '정복하는 군인'

미래의 프로필
만 10세 이상

 목표

아동이 미래에 어떤 것이 어떻게 달라질 수 있을지 생각하는 것을 돕고, 변화가 불가피하다면 부분적으로는 누군가의 통제를 받을 수 있음을 깨닫게 한다. 또한 아동이 변화하기 위해서는 특정 단계가 성취 가능한 작은 목표들로 세분화될 수 있다.

 준비물

A4용지 혹은 A3용지, 자, 펜

 방법

종이 위에 한 방향으로 시간의 선을 그리고, 다른 축을 따라 연관 있는 영역을 써 내려간다(p. 152의 '가능한 발전 단계' 참고). 시간의 선을 따라 대략적인 시간 구역을 쓴다. 이를테면 3개월, 6개월, 1년, 2년, 5년과 같이 쓴다. 각 시간 구역에 아동에게 적합한 각각의 주제를 쓰도록 한다. 아동에게 그 기간이 지나면서 일어날 것 같은 그의 감정의 진행상황을 채워 나가게 한다. 만약 아동이 어리거나 필요한 조직 능력이 없다면, 쓰는 것에 도움이 필요할 것이다.

아동이 단계를 따르지 않고 넘겨 버리는 경향이 있다면 가장 먼 시간부터 채우도록 한 후, 남은 공간을 이후에 채워 넣도록 한다. 만약 아동이 변화에 대한 생각을 할 의지가 없다면 가장 가까운 시간 구역에서부터 나중으로 채워 나가며, 각각의 시간 지점에서 아동이 몇 살일지 생각해 보게 하면서 아동을 격려한다.

가능한 발전 단계

- 나의 친구들
- 나의 교육
- 내가 살 곳
- 돈 벌기
- 특별한 관계
- 휴가
- 취미

- 즐기기
- 나의 책임감
- 주요한 업적
- 변해 있을 것들
- 무엇이 나를 슬프고 화나게 할까?
- 무엇이 나를 행복하게 할까?

일단 쓰고 나서는 아동과 함께 재점검을 한다. 아동이 여러분에게 시간의 선에 대한 자신의 감정을 말하도록 격려하자. 예를 들어, 어떤 부분이 아동에게 가장 어려웠는지, 무엇이 가장 기다려지는지에 대해 이야기하자. 이것은 목표를 향해 나아가는 아동에게 격려의 말을 해 주기에 좋은 기회다. 이 활동을 마치고 '나아가는 첫걸음'을 해 보는 것은 유용하다.

 내 자녀의 미래

이 활동은 부모의 관점과 아동의 관점이 어떻게 다른지 설명하기 위해 아동과 그의 부모가 함께 할 수 있다. 그들과 함께 어떤 차이점이든지 그것을 어떻게 해

결할지에 대해 논의해 본다.

 미래의 거미

시간 구역 대신에 특정한 한 시점을 사용한다. 예를 들어, 5년 후를 지정한다. 이 시간의 틀을 종이 위에 그린다. 환경적인 변화가 있을 법한 충분히 먼 미래의 시간을 선택한다. 예를 들어, 열네 살 난 아동은 자신이 집으로부터 독립할 때를 생각할 수 있다. 제목에는 '5년 후 나의 삶은 어떨까?'라고 쓰고, 거미를 그린 후 아동의 이름을 그 가운데, 거미의 다리에는 자신의 미래 계획을 하나씩 쓴다.

 참고하세요

- 6장의 '나아가는 첫걸음'
- 10장의 '과거, 현재, 미래'

나아가는 첫걸음
만 10세 이상

 목표

아동 혹은 청소년이 지금의 작은 단계를 밟아 나가면, 목표를 향해 나아갈 수 있다는 것을 알도록 돕는다. 이 활동은 '미래의 프로필' 후속으로 사용하기에 좋다.

 준비물

A4용지, 색연필, 펜, 자

 방법

아동이 미래에 원하는 것이 무엇인지 상의한 후에 종이에 '나아가는 첫걸음' 이라고 제목을 쓰도록 하고, 종이를 네 구간으로 나눈다. 첫 번째 구간에는 '미래의 목표' 라고 쓰고, 그다음 세 구간에는 '첫 단계' '두 번째 단계' '세 번째 단계' 라고 쓴다. 아동이 앞으로 달라지고자 하는 것에 있어서 몇 개의 장기적인 목표를 정한다. 이것을 첫 번째 구간에 쓴 다음, 자신이 지금 할 수 있는 것이 무엇인지 논의한다. 아동의 대답을 아주 쉽고 적절한 목표로 나눈다. 예를 들어, 미래의 목표가 '기술자로 일하기' 라면, 처음의 세 단계는 아마 '나의 기술 프로젝트 완성하기' '수학 숙제 잘하기' '직업 과목 선생님께 어떤 과목이 가장 중요한지 여쭤 보기'가 될 것이다. 이러한 첫 번째 단계는 다음 회기에서 달성할 수 있는 목표를 정하는 것이다. 이 과정에서 아동으로 하여금 다음 단계를 생각해 내도록 책임을 지우고, 다음 회기에서 재점검하는 것을 명심하라.

 ## 미래로 가는 계단

더 큰 아동(한 번에 더 많은 단계를 감당할 수 있는)에게는 장기적인 목표가 필요조건에 따라 나누어질 수 있고, 이것을 '성공으로 가는 계단(3장 참고)'에 그려 볼 수 있다.

 ## 참고하세요

- 3장의 ''나'의 달력'
- 6장의 '미래의 프로필'

Chapter 7

상실감 받아들이기

가족 구성원, 친구 혹은 애완동물의 죽음을 받아들이려고 애쓰는 아동은 우울한 기분만큼 문제행동으로 슬픔을 표현해 본 경험이 있다. 이러한 양상은 아동의 삶에서 부모 혹은 다른 중요한 사람을 분리시키는 경우에도 나타날 수 있다. 어른처럼 아동 역시 자신의 슬픔 안에 갇힐 수 있고, 우리는 다음의 활동이 이러한 아동을 밖으로 끌어내는 데 도움이 된다는 것을 발견했다. 이 활동은 아동이 그들의 상실을 받아들이고, 살아가면서 좋은 기억만 간직할 수 있도록 돕는다.

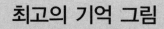

최고의 기억 그림
만 3세 이상

목표

그림 혹은 예술품을 통한 슬픔의 표현을 돕는다.

준비물

종이, 연필, 색연필, 물감, 크레파스, 사진, 풀이나 테이프

방법

아동에게 죽은 사람 혹은 동물과의 가장 좋았던 기억이 무엇인지 물어본다. 여러분이 어떻게 그 기억을 시각적으로 재창조할 수 있을지 함께 이야기해 보고, 가능한 한 아동이 많이 참여하도록 하여 함께 만들어 본다. 이 과업을 하는 동안 다음과 같은 질문을 하며 아동의 기억을 그려 낸다.

- 이것이 왜 최고의 기억이니?
- 이것이 또 무엇을 생각나게 하니?
- 이 그림으로 무엇을 할 거니?
- 이 사람/동물은 이 그림에 대해 어떤 생각을 할까?

• 다른 사람은 이 그림에 대해 어떤 생각을 할까(이것이 문제가 될까)?

그림에서 떠오르는 어떤 주제든 논의에 포함시킨다. 이를테면 누군가가 죽었을 때 어떤 일이 일어날지에 대해서 말해 본다.

그 사람이 죽었다고 해도 기억은 사라지지 않는다는 것을 다시 한번 강조하자.

 수많은 기억

이것은 좋은 기억뿐만 아니라 모든 기억의 모음집이다. 이 활동은 두 명 이상의 사람과 이루어질 수 있는데, 예를 들면 가족 구성원의 기억을 존중한다는 원칙을 지킨다면 가족에게 확실히(또는 쉽게) 적용될 것이다. 이것은 사람마다 (같은 경험을) 다르게 기억한다는 사실을 인정하는 것이다.

 참고하세요

• 7장의 '나의 기억 책'
• 7장의 '기억의 양초'
• 7장의 '나의 영원한 일부'

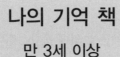

나의 기억 책
만 3세 이상

목표

죽은 사람 혹은 동물과의 지난 시간과 사건의 기억을 되짚는 작업을 통하여 깊은 슬픔의 표현을 돕는다.

준비물

활동 책 혹은 특별한 폴더, 종이, 색연필

방법

아동에게 죽은 사람 혹은 동물에 대한 특별한 책을 써 보고 싶은지 물어본다. 먼저 한 장의 종이에 아동이 가지고 있는 죽은 이와의 모든 기억을 적어 내려간다. 이 활동의 목표에 따라 대부분의 내용이 좋은 것이어야 하겠지만, 모든 내용이 좋을 필요는 없다. 그리고 아동은 아마 그 기억을 곱씹고 싶어 할 것이다. 아동의 나이에 따라 여러분은 죽은 사람이 좋아하던 음식, 축구팀 등 그 사람에 대한 약간의 묘사를 하는 것도 좋다. 그리고 여러분은 죽은 이와 아동의 공통점을 적어 보거나 차이점을 적어 볼 수도 있다. 그리고 나서 아동과 함께 각각의 사실 혹은 기억을 분류한다 ─ 카테고리를 만들어 분류할 수도 있고, 주제에 따라 종류를 나누거나 아동에게 적합한 어떤 방법을 써도 괜찮다. 책을 쓰면서 아동이 가능한 한 많은 부분을 스스로 만들도록 한다(책을 읽을 만하도록 만든다). 아동은 아마 사진 혹은 그림, 함께 본 영화 티켓 혹은 다른 기념품을 포함하고 싶어 할 것이다. 책의 끝부분에는 사람 혹은 동물은 죽었지만 기억은 여전히 살아 있음을 써넣자.

 ······에 대한 책

이러한 형식의 책 쓰기는 아동이 자신을 학대하는 누군가에 대한 좋은 점과 나쁜 점을 써 봄으로써 유익할 수 있으므로 학대로 인한 슬픔에 빠진 아동을 돕는 데 사용할 수 있다. 이 활동은 반드시 긍정적인 내용으로 끝맺도록 한다. '나의 장점(9장)'과 같은 활동이 좋은 후속이 될 수 있다.

 참고하세요

- 7장의 '최고의 기억 그림'
- 7장의 '기억의 양초'
- 7장의 '나의 영원한 일부'

기억의 양초
만 7세 이상

 목표

아동이 죽은 누군가를 기억해 내고, 그들에 대해 이야기하고, 슬퍼할 기회를 갖도록 특별한 시간을 가진다.

 준비물

약 15분 동안 타는 초와 아동이 더 긴 시간을 필요로 할 것에 대비하여 여분의 초를 준비한다. 만약 여러분이 큰 초만 가지고 있다면, 초에 표시를 해서 초를 언제 끌지를 나타낸다. 성냥도 준비한다.

 방법

교회에서는 죽은 사람을 기억할 때 사람들이 초를 켠다는 것에 대해 이야기하며 아동에게 이 활동을 소개한다. 여러분이 초에 불을 붙이면 아동은 초가 타는 것을 볼 수 있고, 이 시간은 아동이 몹시 마음 아파하는 사람을 기억하는 시간임을 설명해 주자. 아동은 아마 초에 집중하느라 여러분과의 눈 맞춤을 피할 것이다. 만약 아동이 불안해하면 그들을 돕기 위한 간단한 몇 개의 질문을 준비해 두자. 하지만 아동이 그 불안을 이겨 내려고 한다면, 고요한 침묵에 당황하지 말자.

아동의 자신감과 집중력을 고취시키기 위해 조용하고 차분한 자세로 질문한다. 몇 개의 적절한 질문은 다음과 같다.

- 그 사람의 머리카락은 무슨 색이었니?
- 그 사람과 함께 갔던 어떤 곳이든 기억할 수 있겠니?
- 너와 그 사람의 최고의 기억은 뭐니?
- 그 사람이 너에게 농담한 적이 있니?
- 그 사람은 어떤 동물과 닮았니?

만약 아동이 울기 시작한다면, 속상한 것은 당연하다고 말해 주자. 아동이 울 때조차도 그와 좋았던 것을 기억할 수 있는지 살펴본다. 아동이 매우 불안해하거나, 많이 긴장하거나, 불편해하면 초를 끄고 싶은지 물어보고, 아동이 그렇다고 하면 초를 곧바로 끈다. 하지만 모든 사람은 죽은 사람에 대한 생각을 하면 기분이 매우 슬퍼진다는 것을 아동에게 말해 주자. 또한 어떤 사람도(아이들조차도) 잘못이 없으며, 그들이 할 수 있는 일이 아무것도 없었음에도 불구하고 사람이 죽으면 죄책감을 느낀다는 것을 말해 주자.

활동을 끝마치면서 아동을 일상으로 되돌려 놓고, 아동이 학수고대하고 있는 것이 어떤 것인지 여러분에게 말하도록 격려한다. 아마도 아동은 떠나기 전에 곰 인형 혹은 보호자의 포옹을 필요로 할 것이다.

 참고하세요

- 7장의 '최고의 기억 그림'
- 7장의 '나의 기억 책'
- 7장의 '나의 영원한 일부'

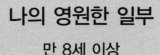

나의 영원한 일부
만 8세 이상

목표

슬퍼하는 과정의 하나로, 죽은 사람이 떠나면서 아동의 삶이 변화하도록 영향을 주었고, 그것은 계속 남아 있을 것이라는 것을 깨닫도록 돕는다.

준비물

A2용지, 색연필

방법

종이의 좌측 상단에 죽은 사람의 이름을 적는다. 이름 주변을 죽은 이를 묘사하는 것들로 둘러싼다(좌측 하단을 제외하고 종이를 채워 나간다). 이를테면 그 사람이 좋아하던 것, 잘하던 것, 사람들이 그 사람에 대해 좋아했던 점, 그 사람의 성격 등을 쓴다. 그리고 나서 그 사람의 어떤 점(종이에 적힌 것들 중)을 아동이 좋아했는지 물어보고, 그것에 동그라미를 그리거나 색칠하게 한다. 여러분은 그것을 따라가며 아동과 논의한다. 그리고 나서 아동에게 좌측 하단에 자신의 모습을 그려 넣게 한다. 아동이 그림 그리기를 마치면, 아동이 그림에서 선택한 동그라미로 선 혹은 화살표를 그린다. 가능하다면 각각의 동그라미에 마치 아동이 풍선 다발을 들고 있는 것처럼 선을 그린다(p. 166의 예시 참고). 또는 아동의 심장에서부터 이어지는 줄로 표현할 수도 있다. 죽은 사람이 얼마나 많은 사람에게 영향을 미쳤는지에 대해 이야기해 보고, 아동에게 미친 영향에 대해서도 이야기해 보자. 이러한 영향은 아동의 남은 인생 동안 지속될 것이며, 이것은 아동의 영원한 일부가 된다.

다음의 예는 자신의 숙모가 그랬던 것처럼 장미와 게임쇼, 식물 가꾸기를 좋아하는 한 소녀의 작품이다. 그들이 갖고 있는 또 다른 공통점은 긴 갈색 머리와 재미있는 말을 잘하고 다정한 것이다. 우리는 이 활동이 자연스럽게 죽은 이에 대한 것과는 매우 다른 아동의 삶의 부분에 대해서도 논의할 수 있도록 이끈다는 것을 알아냈다. 이것은 앞날을 고대하면서 회기를 긍정적으로 마치기 쉽게 한다.

 참고하세요

- 7장의 '나의 기억 책'
- 7장의 '기억의 양초'

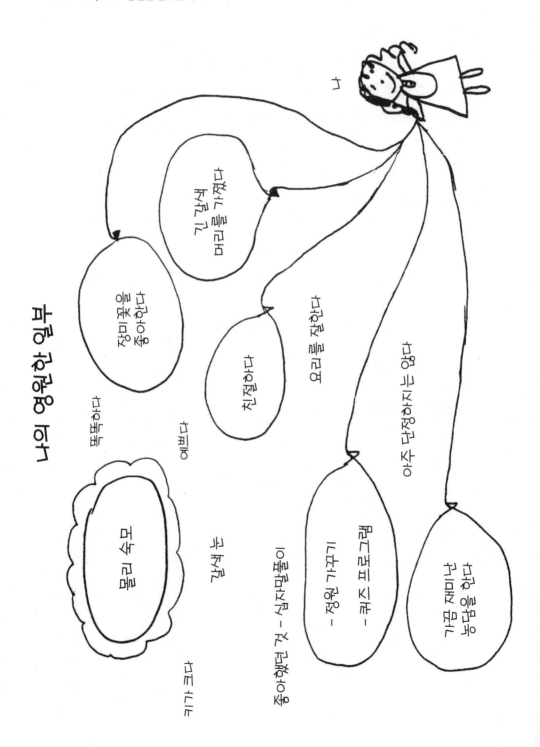

Chapter 8

나의 가족을 이해하기

가족이란 꽤 복잡한 구조이기 때문에 분명 몇몇 아동
은 부모 때문에 혼란스러울 것이다. 다음의 활동은 치료
사가 그 가족의 분위기를 이해하도록 돕고, 또한 가족
구성원 간의 의사소통을 돕는다. 기본적인 목표는 각각
의 가족 구성원이 그들 가족의 능력과 기술을 새로이
보게 하는 것이다. 가족이 함께하는 활동은 가족을 하나
로 묶는 기회를 제공한다.

가족 그리기
(어떤 것을 함께 하기)
만 3~10세

목표

교감을 형성하기 위해 아동이 자신과 자신의 가족에 대해 이야기하는 연습을 할 기회를 주고, 아동에 대한 정보와 그 가족 및 각자의 역할에 대한 정보를 얻는다.

준비물

A4용지 2장, 색연필

방법

아동에게 온 가족이 무언가를 함께하는 그림을 그리도록 요청하자. 아동이 그림을 다 그리면, 그림에서 어떤 일이 일어나고 있는지 물어보자. 그림 위에 혹은 또 다른 종이에 그림에 대한 설명을 쓴다. 가족의 구성과 운용 방식에 대한 더 많은 정보를 얻기 위해 그림과 관련된 질문을 한다. 예를 들어, 아동이 가족과 함께 식사를 하는 그림을 그렸다면 "그림에서 제니는 데니의 옆에 앉아 있구나. 제니는 항상 데니와 함께 있니?" "그림에서 네 기분이 별로인 것 같은데, 기분이 별로니?" "아빠가 활짝 웃고 있는데, 아빠가 그렇게 웃을 때 네 기분은 어떠니?"와 같은 질문을 할 수 있다. 아동이 대답을 함에 따라 마치 아동이 쓴 것처럼 그림에 대한 짧은 글을 써넣는다. 예를 들어, '제니는 데니의 옆에 앉기를 좋아해서 데니의 옆에 앉아 있다. 내가 화난 것처럼 보이지만, 식초를 가지고 있는 사람이 누구인지 찾는 중이다. 아빠는 웃고 있고, 그게 나를 행복하게 만든다. 우리 모두는 생선을 좋아하지만 엄마는 가끔 치킨을 먹는데, 내 생각에 엄마는 내가 좋아하는 만큼 생선을 좋아하지 않는 것 같다.' 와 같은 글을 쓸 수 있다. 아동이 자신의 몇몇 진술을 글로 쓰는 것을 원치 않는 경우, 이것을 글로 옮겨 쓰는 것을 신중히 할 필요가 있다. 하지만 이것을 여러분의 진료 노트에는 반드시 적어 두도록 한다.

이 활동을 마치기 전에 아동에게 그림에 대해 쓰고 싶은 또 다른 것이 있는지 물어본다. 행복한 내용으로 마무리를 하고, 이 활동이 아동에게 어려웠다면 아동이 학수고대하고 있는 어떤 일에 대해 이야기할 시간을 갖도록 하자.

상황 만들기

다른 상황에서도 아동의 지각에 대한 정보를 얻기 위해 그림을 사용할 수 있다. 이를테면 교실에서 친구와 함께인 아동, 병원에 있는 아동을 그린다.

내가 그것을 보는 방식

가족 단위의 환경에서 모든 구성원은 하나의 그림 혹은 한 사건에 대해 각자의 그림을 그린다. 이 활동은 사람이 어떤 사건에 대해 각각 어떤 방법으로 기억하고 있는지, 어떻게 받아들이고 있는지에 대해 논의할 수 있게 한다.

참고하세요

- 8장의 '누가 누구지?'
- 8장의 '가족 퀴즈'

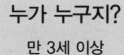

누가 누구지?
만 3세 이상

목표

아동과 치료사가 함께 가족을 개념화하도록 돕는다. 이것은 특히 보다 복잡한 가족 상황에서 사용이 용이하다. 이를테면 친부모 밑에서 자라지 않았거나 새엄마 혹은 새아빠, 이복형제와 사는 경우가 이에 포함된다.

준비물

A3용지나 A2용지 혹은 얇은 카드, 색연필, 가족 구성원이 모두 포함된 사진 (특히 어린아이가 포함된)

방법

가족 사진을 보며 누가 누구인지 아동에게 물어본다. 그림을 이용하여 가족이 모두 포함된 가족 나무를 그린다. 아동은 먼저 가족의 목록에서 나무에 그릴 사람을 찾을 것이고, 그들은 아마 애완동물, 죽은 사람, 먼 친척 등을 포함하기를 원할 것이다. 이 경우 우리가 관심을 두고 있는 아동의 가족인지의 여부에 따라 수용할 것인지를 고려해 봐야 한다. 가족 나무는 아동이 좋아하는 사람과 좋아하지 않는 사람을 포함하도록 한다. 특히 가족이 복잡할 경우에 치료사는 처음 시작할 특정한 사람을 몇 명 제시하여 아동이 즉각적으로 고르게 한다—아동이 원한다면 더 먼 친척도 포함할 수 있다. 만약 아동이 이복형제와 같은 가족의 한 부분을 통째로 빠뜨린다면, 치료사는 이를 기록하고 아동과 더 쉽게 가족 나무에 대한 논의를 할 수 있도록 그들을 즉각적으로 포함시킨다(아동이 이복형제를 포함시키기를 꺼려하지 않는 한 여러분은 그 부분에 대한 분리된 가족 나무를 더 그린다). 일단 모든 구성원이 나타나면 여러분은 아동에게 각각의 구성원에 대한 묘사를 해 달라고 요청하고, 그들에 대한 아동의 감정은 어떤지 물어봄으로써 논의를 시작한다. 다음의 완성된 예시에서처럼 아동은 가족의 감정을 그림에 나타내고 싶어 할 것이다.

참고하세요

- 2장의 '깊은 감정(마음의 연속선)'
- 8장의 '가족 퀴즈'
- 8장의 '육아의 부분들'

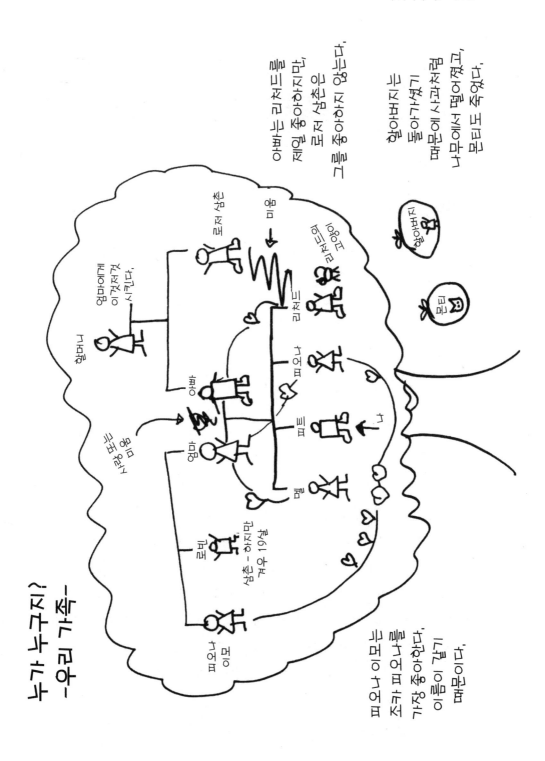

누가 누구지?
-우리 가족-

아빠는 러처드를
제일 좋아하지만,
로저 삼촌은
그를 좋아하지 않는다.

할아버지는
돌아가셨기
때문에 사과처럼
나무에서 떨어졌고,
몬티도 죽었다.

피오나 이모는
조카피오나를
가장 좋아한다,
이름이 같기
때문이다.

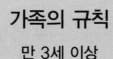

가족의 규칙
만 3세 이상

 목표

모든 가족 구성원이 소속감을 가질 수 있는 가족 규칙의 기준을 정한다.

 준비물

A4용지, 펜, 화이트보드(작업이 수월하지만, 종이에 옮겨 쓸 필요가 있다.)

 방법

가족이 서로 돕고 함께하는 것을 지원하기 위한 몇 가지 가족 규칙의 필요성에 대해 논의를 해 본다. 더 큰 아동(만 8세 이상)을 포함시키고, 그들에게 무언가를 '하지 않기'보다 '하기'에 대한 가족 규칙이 얼마나 긍정적으로 작용하는지에 대해 설명하자. 하지만 더 어린 아동은 '안 됨'이라고 명확히 제시할 필요가 있다. 예를 들어, '물면 안 됨'과 같이 제시한다. 일반적으로 어떤 것이 가족 규칙의 예가 될 수 있을지 가족에게 묻는다. 그리고 그것의 적합성에 대한 피드백을 주면서 각 구성원의 공헌에 대해 긍정적으로 반응한다. 일단 가족이 긍정적인 가족 규칙을 구성하는 요소에 대한 아이디어를 떠올린 것 같으면 넓은 종이에 제목을 '가족의 규칙'이라고 쓴다. 각 구성원이 공평하고 타당한 규칙 하나씩을 생각한다.

각각의 규칙을 적기 전에 규칙에 대한 의미와 단어 선택에 대한 의견 일치를 한다. 어린 아동도 규칙을 만들고 싶어 할 것이다. 아동이 말한 것이 부적절하다면 온 가족이 동의할 만한 일반적이고 좋은 가족 규칙을 제안함으로써 아동을 참여시키고, 아동이 제안한 규칙을 종이에 적는다. 규칙을 적어 내려갈 때, 나중에 의미의 모호성 때문에 가족 간에 논쟁이 벌어지지 않도록 가능한 한 규칙을 자세하게 적는다. 가족이 규칙을 만들어 내면 규칙이 충분한지 그들에게 물어본다. 가족의 규모에 따라 아마도 또 다른 한두 개의 규칙을 추가하기를 원할 수도 있겠지만 규칙은 5~6개로 제한을 두자. 어린 아동 혹은 글을 읽지 못하는 부모가 있는 경우, 각각의 규칙에 그림으로 나타낸 상징을 표시해 두자. 규칙이 완성되면 다채롭게 꾸며진 A4용지에 규칙을 써넣는다. 가족 구성원은 '우리는 이 사항들이 우리 가족의 규칙임에 동의한다.'와 같은 문구 아래에 자신의 이름과 서명을 하기를 원하기도 할 것이다.

이후에, 하지만 같은 회기에서 규칙의 이행에 대한 예상 결과를 보호자와 함께 논의해 본다. 규칙이 지켜질 때 보호자가 아동을 인정한다는 것을 꼭 전달하고, 아동에게 보상을 하게 한다. 아동이 규칙을 어기면 보호자는 아동이 규칙을 따르도록 지시한다. 하지만 아동이 계속해서 규칙을 어기는 경우에 보호자는 아동의 행동이 가져올 결과에 대해 요점을 짚어 가며, 그러나 너무 심각하지는 않게 설명한다. 만약 좋은 보상 체계가 준비되어 있다면 보상에 도달하지 못하더라도 그것만으로도 충분하다.

치료사는 가족에게 규칙은 가끔씩 어겨질 수도 있는 것이며, 그런 일이 생기더라도 그것이 큰일은 아니지만 계획상의 잘못 때문에 나타날 수 있음을 보호자에게 설명하는 것이 중요하다. 예를 들어, 규칙이 너무 엄격하다거나, 아동에게 더 많은 감독이 필요하다거나, 혹은 보상이 적합하지 않을 수도 있다. 또한 아동에게 규칙이 적용되는 만큼 보호자 본인에게도 적용된다는 사실을 이해하고 있어야 한다.

가족의 책임

　가족은 '규칙' 대신에 '책임'을 사용할 수 있다. 이것은 가족의 단합을 도모하기 위해 각각의 가족 구성원이 집안일을 분담하는 것이다(점검할 사람을 정한다). 하지만 경쟁심이 있는 형제끼리는 서로의 일을 점검하지 않도록 하는 것이 중요하다.

 ## 참고하세요

- 3장의 '종을 쳐라'
- 8장의 '51가지 칭찬하는 방법'

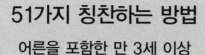

51가지 칭찬하는 방법
어른을 포함한 만 3세 이상

목표

긍정적인 육아를 강조하고, 언어를 이용한 보상 기술을 향상시키기 위함이다. 이것은 많은 칭찬 방법이 존재하고, 개인적이고 열정적으로 칭찬하는 방법이 있음을 설명해 줌으로써(반복적일 필요는 없다) 부정적인 상호작용의 덫에 걸린 가족에게 특히 유용하게 사용할 수 있다.

준비물

색연필, A3용지 혹은 몇 장의 작은 종이, 풀이나 테이프

방법

목표는 51개로 정하고, 각각의 가족 구성원에게 "잘했어."라고 말할 수 있는 가능한 한 많은 방법을 물어본다. 이것을 큰 종이 혹은 서로 이어 붙일 수 있는 작은 종이에 써넣는다. 다양한 서체와 색을 사용해 글을 써서 다양한 문장을 순환시켜 흥미를 끌도록 한다. 만약 여러분이 이것을 열정적으로 설명하고, 각각의 새로운 칭찬에 그림을 그리고, 열정적으로 시범을 보인다면 이 활동은 더욱 즐거울 것이다. '51가지 칭찬하는 방법'을 집으로 가지고 가서 온 가족에게 언어로 보상하는

방법이 다양함을 상기시켜 주도록 눈에 잘 띄는 장소에 붙여 놓을 수도 있다. 각각의 가족 구성원이 가족 중 누구에게 몇 번이나 칭찬을 들었는지 기록하도록 요청하자.

51가지는 굉장히 많아 보이지만, 가족이 목표 달성을 하는 기쁨과 그들이 그만큼 많은 양의 칭찬 방법을 생각해 냈다는 기쁨을 제공한다는 이유로 이 숫자는 적절하다고 생각한다. 우리는 만약 가족이 목록을 만들다가 정말로 생각이 안 날 때 즉각적으로 도움을 받을 수 있도록 목록(p. 179의 예시 참고)을 제시해 두었다. 어떤 가족은 101개의 칭찬하는 방법을 만들 생각을 하기도 한다. 만약 이 가족이 말하는 기술이 뛰어나지 않다면, 실망하지 않도록 숫자를 줄일 필요가 있다. 그 목록은 차후의 회기에서 추가될 수 있다.

이 활동은 아동이 충분히 큰 경우(십 대)라면 모든 가족 구성원에게 긍정적인 피드백을 하도록 책임을 갖게 하는 것이 더 좋다.

 칭찬 기록

긍정적인 언어로 보상하는 것에 적응하기 어려워하는 가족을 위해, '51가지 칭찬하는 방법' 목록에 하루/시간/주 단위로 어떤 문장을 언제, 얼마나 자주 썼는지를 기록한다. 이때 칭찬 빈도를 증가시키는 목표를 함께 적어 둔다.

 참고하세요

• 8장의 '가족 퀴즈'

51가지 칭찬하는 방법

잘했어 / 훌륭해 / 환상적이야

영리하구나 / 멋지구나

깊은 인상을 받았어 / 너에게 좋을 거야

너는 스타야 / 나를 즐겁게 해 주는구나

똑똑한 아이구나 / **네가 자랑스럽구나**

예쁘구나 / 나의 사랑스러운 아이!

네가 해낼 것이라고 믿고 있었다 / **오, 어여쁜 내 사랑**

똑똑해 / 반에서 1등으로 올라섰구나

훌륭히 해냈어

너는 나보다 더 잘하고 있다

정말로 단정하구나 / 우와! / 최고야

네 덕에 정말 기쁘구나

상 받을 자격이 있어 / 천국 / **엄청나구나**

최고 수준이구나

정말로 열심히 했구나

귀염둥이! / 1급 별이다

네가 그것을 할 때 나는 즐겁다

너는 정말로 ……에 능숙하구나

믿을 수가 없어! / 멋진 성취를 했구나

매우 기쁘다 / 모두가 너를 자랑스럽게 여길 거야

정말로 기뻐해야 한다 / 뛰어나구나

일류다 / 놀랍구나

정말 잘했다 / **너무나 훌륭해**

경이롭구나 / 최고다 / 근사해

매우 창의적이구나 / **대단하다** / 엄청나다

정말 기발해 / 끝내준다! / 경탄스럽구나

가족 퀴즈
어른을 포함한 만 4세 이상

 목표

위협적이지 않은 태도로 가족의 역할과 구조를 이해하게 한다. 이것은 개별 아동, 아동과 부모 혹은 가족 전체에 사용할 수 있다.

 준비물

준비된 질문이 쓰여 있는 개인 카드, (두 번째 변형 활동을 위해서는) 질문을 꺼내기 위한 모자

 방법

각각 분리된 카드의 조각에 가족의 삶에 관한 질문을 적어 목록을 준비한다(다음의 예시 참고). 아동의 단어나 가족의 분위기에 따라, 혹은 부수적인 것을 추가하기 위해 질문은 바뀔 수도 있다. 각각 질문을 해 보고, 여러분이 그 가족의 방식을 알아보기 위해 아동이 말을 덧붙일 수 있도록 하자. 농담 섞인 질문으로 즐겁게 마무리를 한다. 예를 들어, "누가 가장 우스운 양말을 신었니?"와 같은 질문을 할 수 있다.

가족에 관한 예시 질문

• 가족 중에 누가 책을 가장 많이 읽니?

• 가족 중에 누가 동물을 가장 많이 좋아하니?

• 네가 슬플 때 가족 중에 누가 너를 행복하게 해 주니?

• 가족 중에 누가 가장 포근하게 안아 주니?

• 가족 중에 누가 차에 대해서 가장 잘 아니?

• 가족 중에 누가 악몽을 가장 많이 꾸니?

• 가족 중에 누가 가장 힘이 세니?

• 가족 중에 누가 가장 일찍 일어나니?

• 가족 중에 누가 가장 재미있는 농담을 하니?

• 가족 중에 누가 가장 머리 스타일에 관심이 많니?

• 가족 중에 누가 운동을 가장 많이 하니?

• 가족 중에 누가 가장 오랫동안 이를 닦니?

• 가족 중에 누가 자신의 침실을 가장 잘 정돈하니?

• 가족 중에 누가 너를 가장 많이 웃게 하니?

• 가족 중에 누가 가장 우스운 양말을 신니?

• 가족 중에 누가 차를 가장 많이 마시니?

• 가족 중에 누가 케이크를 가장 잘 만드니?

• 가족 중에 누가 가장 화를 잘 내니?

• 가족 중에 누가 가장 멋진 옷을 입니?

• 가족 중에 누가 가장 TV를 많이 보니?

• 가족 중에 누가 가장 간지럼을 많이 타니?

가족 동그라미

가족과 함께 각 구성원의 의견을 탐색하면서 질문하는 순환형 질문을 사용할 수 있다[상세한 기법은 Burnham(1986) 참고]. 상대방이 대답하는 데 시간이 오래 걸릴 것 같은 질문은 더 적게 고른다. 이것은 가족 구성원이 서로에 대해 다른 생각을 가지고 있음을 깨닫고 받아들이는 기회가 될 것이다. 또한 이것은 가족 구성원이 각각의 질문에 대해 합의를 해 나가는 활동으로 사용될 수 있다. 각 질문에 대한 가족의 의견 일치를 하는 과정에서 여러분은 그들의 협상 기술을 통찰할 수 있다.

 ## 만약 이 모자가 딱 맞는다면

각자를 위한 질문을 모자에서 꺼낸다. 어색함을 깰 필요가 있다면 여러분과 아동이 차례로 한 가지씩 골라 가면서 대답을 해 본다. 여러분이 대답할 차례이더라도 아동에게 그 질문에 대답해 보도록 격려한다. 마지막에는 아동에게 몇 가지 질문을 하게 할 수 있다. 이 활동을 하는 동안에 여러분의 사적인 정보를 너무 많이 말하지 않도록 하자. 만약 아동이 몇몇 질문에 대답을 못하는 경우, 아동은 나중에 부모님에게 물어보기 위해 여러분이 그 질문을 써 주길 바랄 것이다.

 ## 참고하세요

• 8장의 '누가 누구지?'
• 8장의 '육아의 부분들'

육아의 부분들
만 8세 이상

목표

아동이 그의 삶 속에서 어른의 적절한 육아 책임을 구별해 낼 수 있도록 돕는다. 이 활동은 특히 위탁보호를 받는 아동 혹은 이혼한 부모님 밑에서 자라는 아동에게 유용하다.

준비물

여러 장의 A4용지, 펜, (첫 번째 변형을 위해서는) 택배 상자(부록 1 '상자 견본' 참고) 혹은 상자를 만들 재료(도화지, 풀, 테이프)

방법

종이 위에 긴 수평선을 그리고, 아동에게 '…… 중 어떤 것이 나의 부모님의 책임 일까?'라고 적게 하자. 아동과 함께 육아를 담당하는 모든 사람을 정의하자. 이를테면 양부모님, 친아빠, 새엄마 등이 포함될 수 있다. 각 문단에 그들의 이름 중 하나를 쓴다(세 명의 부모＝세 문단). 각 부모는 아동을 위해 서로 다른 부분에서 헌신한다는 것을 설명하자. 그리고 나서 "누가 ……의 책임을 지고 있을까?"라고 물어보면, 아동이 그 책임에 적합한 어른의 이름을 그 아래에 적는다. 만약 아동이 '책임' 이라는 말을 이해하지 못한다면, 활동의 제목을 '나의 부모님' 혹은 아동이 그의 부모를 나타내고 싶어 하는 어떤 말로든 대체한다. 예를 들어, '나는 그녀를 닮았다' 와 같이 단어 선택을 제목에 알맞게 적용시킨다. 한 사람이 다른 사람보다 더 많은 책임을 져도 이는 일반적인 가족의 모습이므로 문제가 되지 않는다는 것을 아동에게 이해시킨다. 다음에 몇 가지 예시가 있다.

육아 책임을 위한 몇 가지 제안

- 내 외모
- 내 점심 값
- 나에게 옷을 사 주는 것
- 나를 데려다주는 것
- 나의 건강을 확인하는 것
- 나를 낳아 준 것
- 나에게 깨끗한 보금자리를 제공해 주는 것
- 나 자신을 어떻게 지키는지 알려 주는 것
- 나의 잠자리를 정돈해 주는 것
- 내게 밥을 지어 주는 것
- 내가 안정감을 느끼게 해 주는 것
- 내게 이야기해 주는 것
- 나를 사랑해 주는 것
- 나와 함께 놀아 주는 것
- 나의 숙제를 도와주는 것
- 나를 특별한 곳에 데려가주는 것
- 내게 용돈을 주는 것
- 내게 음식을 사 주는 것
- 나의 이야기를 들어 주는 것
- 나와 함께 TV를 보는 것(컴퓨터 게임을 하는 것, 로봇을 만드는 것)
- 내게 올바른 행동을 가르쳐 주는 것

단락이 길어지면 쓰고 있던 A4용지의 아래쪽에 또 다른 A4용지를 이어 붙인다 (그렇지 않으면 아동이 빈 공간이 좀 더 많은 단락에 나머지 부분을 써 버릴 수도 있다).

청소년에게는 언어를 조정해서 맞춘다. 예를 들어, '경제적 안정감' '나의 치안' '나의 건강' 등을 쓸 수 있다. '내가 입는 옷을 허락해 주는 것' '작업에 대한 허락' 과 같은 것이 목록에 추가될 수 있다. 아동 스스로 하는 부분은 추가하지 않는다. 만약 아동이 어떤 것을 스스로 하고 싶어 하면, 자라면 자연스럽게 더 독립적이 될 것이라는 사실을 설명하자. 이 활동은 부모의 책임과 역할을 알아보는 것이다. 만약 부모 중 누구도 현재 책임감이 없다면 여러분은 아동에게 누가(혹은 누가 더) 어떤 것에 대한 책임감이 컸었는지에 대해 물어본다. '~이었다' 를 사용해서 과거의 일임을 나타낸다.

부모 중 누구도 책임지지 않았던 것은 그대로 남겨 둔다. 하지만 여러분은 여러분의 개인 진료 노트에 그것을 기록해 두도록 한다. 만약 아동에게 중요한 욕구가 충족되지 않고 있음이 확실하다면 보호자와 상의할 필요가 있다. 아동이 자신의 부모가 치료 작품을 보기를 원하지 않는다면 그 작품은 기밀에 부쳐야 한다.

변형 양육 상자

이 활동은 부모가 서로 헤어져 있음으로써 한 부모가 아동의 삶에 더 많은 역할을 할애하는 상황보다는 역할이 서로 구분이 안 되었을 법한 곳에 아동이 있는 경우에 유용하다. 부록 1을 사용하여 몇 개의 우편 상자를 만든다. 여러분은 각 부모 이미지에 맞는 상자가 필요할 것이다. 각 상자에 아동이 부모의 이름을 적는다. 그리고 각 카드 조각에 그들의 역할을 전부 써넣자. 그 카드가 어떤 상자에 들어가야 할지 아동에게 정하게 한 후 상자에 넣는다. 아동이 생각해 낸 추가적인 역할을 적고 그 목록을 우편함에 넣은 후, 여러분은 이제 각 상자에서 카드를 꺼낸다. 그리고 각 부모의 책임을 노트에 기록한다. 이 활동에 대해 아동과 이야기할 시간을 갖고, 아동이 받아들이기 힘든 것에 대해 타협할 수 있도록 돕는다. 예를 들어, 한 부모가 아동의 숙제에 더 이상 관심을 보이지 않는 것과 같은 경우를 들수 있다.

 육아파이

이 활동은 '감정파이'(2장 '트레이시의 감정파이' 참고)와 같은 방법으로 파이나 케이크 조각으로 묘사할 수 있다. A2용지 혹은 더 넓은 종이를 사용해서 파이를 그린다. 여러분이 가지고 있는 책임 목록의 수만큼 파이를 나눈다. 파이에 목록의 모든 책임을 적고, 아동에게 색연필을 가지고 각각의 부모를 나타내는 서로 다른 색으로 표시를 하도록 한다. 예를 들어, 아빠와 관련된 책임은 파란색으로 표시를 하고, 초록색은 친엄마, 분홍색은 새엄마를 나타낸다. 몇몇 책임은 한 부모만이 책임지는 것이 아니라면 여러 색이 칠해질 수도 있다. 앞서와 같이, 명백히 갈라선 부모로 인해 파이의 색깔이 너무 많아 복잡해질 것 같은 경우의 아동에게는 이 활동이 적합하지 않다.

 참고하세요

• 8장의 '가족 퀴즈'

우리의 부모님

(엄마)

나를 낳아 주시고
나는 엄마를 닮았다
요리를 해 주시고
내 옷들을 다려 주시고
학교에 데려가 주시고
아플 때 돌봐 주시고
말을 걸어 주시고
나를 안심하게 해 주시고
책을 읽어 주시고
먹을 것을 사 주시고
옷을 사 주시고
점심 도시락을 싸 주시고
나를 사랑하신다

(아빠)

태어나게 해 주시고
(약간) 아빠를 닮았다
용돈을 주시고
밖으로 데려가 주시고
차를 만들어 주시고
말을 걸어 주시고
숙제를 도와주시고
음식을 사 주시고
새 신발을 사 주시고
나를 사랑하신다

(할까)

요리를 해 주시고
옷을 다려 주시고
말을 걸어 주시고
뜨개질을 가르쳐 주시고
먹을 것을 사 주시고
내가 아빠 집에 있을 때
나를 돌봐 주시고
나를 좋아하신다

Chapter 9
긍정적인 자존감 증진하기

　낮은 자존감을 가지고 있는 아동은 일반적으로 집에서나 학교에서나 실패하기 쉽다. 다른 치료접근법은 효과가 없는 것 같다. 왜냐하면 아동은 시도하는 것의 가치를 생각할 수조차 없을 만큼 스스로에 대해 좋지 않은 견해를 가지고 있기 때문이다. 그들은 아마 또다시 실패할 거라고 생각할 것이다. 이러한 부정적인 사고방식을 깨기 위해서는 위협적이지 않으면서 성공 가능성이 있는, 아주 작은 긍정적인 신호라도 골라낼 수 있는 접근법이 필요하다. 다른 접근법들이 점점 긍정적인 결과를 가져오면서 아동은 스스로에 대한 견해를 뒤집을 수 있다. 아동 스스로에 대한 관점을 변화시키는 것을 돕는 것의 가장 큰 장점은 그들의 자신감이 자라나면서 연쇄적인 긍정적 효과를 볼 수 있다는 것이다.

　다음의 모든 활동은 아동 자신을 포함했으나, 보호자 혹은 가족 전체가 활동에 참여하는 경우 고의적인 방해를 일삼는 가족 양식은 지양할 필요가 있다. 이 활동은 아동이 극심한 우울 혹은 지속적인 폭력에 노출된 경우에는 적합하지 않다.

나의 장점
만 4~12세

목표

아동의 자존감을 고취시키고 아동의 긍정적인 측면을 강조한다. 또한 이 활동은 유대감 형성에 매우 유용하다.

준비물

A4용지 혹은 특별한 종이, 색연필 혹은 펜

방법

아동에게 종이의 맨 위에 자신의 이름을 쓰게 한다. 그리고 나서 종이의 나머지 부분을 나누어 6개의 상자를 만들도록 한다. 각 상자에 아동의 삶에 대한, 이를테면 '집에서' '아빠 앞에서' '학교에서' '하키 부' '피아노 레슨' '나의 친구들' 등을 여러분이 쓰거나 아동이 쓰도록 한다. 그리고 아동에게 각 삶의 측면에서 좋은 점 한 가지는 무엇인지 물어본다. 아동이 각 사항에 긍정적인 공헌을 강조할 수 있도록 돕는다. 예를 들어, 아동이 '내가 설거지를 하면 엄마는 나를 밖에 나가게 해 줘요'라고 이야기한다면, '내가 설거지를 할 때 나는 도움이 되는 사람이다. 그래서 엄마는 기뻐하고, 나를 나가도록 해 주신다.'라고 쓰도록 격려하자.

쓰는 작업이 끝나면 아동과 함께 아동의 능력과 성취한 것이 얼마나 특별한지에 대해 이야기해 보자.

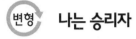 ## 나는 승리자

이 활동은 긍정적인 공헌을 강조한 '내 세상(1장)'의 축소판으로 볼 수 있다. 만약 여러분이 이미 아동과 함께 '내 세상'을 했다면 이 활동은 사용하지 말자. 아동이 자신의 이름을 쓸 줄 안다면 너무 넓지 않은 종이의 아무 곳에나 아동의 이름을 써 보도록 하거나 여러분이 직접 쓴다. 그러고 나서 아동에게 그들이 할 수 있는 것, 좋아하는 것, 잘하는 것, 자신의 외모 중 마음에 드는 곳 등을 물어본다. 종이를 아동이 말한 모든 것으로 채운다. 활동의 끝에는 아동이 얼마나 특별한지를 보여 주는 장점이 이렇게 많다는 것에 대해 이야기한다.

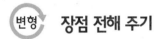 ## 장점 전해 주기

그룹 활동에서, 모든 아동이 자신에 대한 장점이 적힌 종이를 여러 장 받을 수 있도록 각각의 아동은 다른 아동에 대한 좋은 점을 쓴다. 이 활동은 가족끼리 하는 데에도 유용하다.

 ## 참고하세요

- 1장의 '내 세상'
- 1장의 '기쁘고, 슬프고, 화나고'
- 9장의 '나는 ……라고 생각해요'

중요한 항아리
만 9세 이상

목표

아동의 가치관을 공유하고 인생에서 소중한 것에 대한 인식을 촉진한다. 또한 아동에게 긍정적인 자존감을 정립시킨다. 이 활동은 유대감을 형성하기에 좋다.

준비물

펜, A4용지, 가위, 풀, 항목의 목록이 있는 워크시트의 복사본(부록 5 '워크시트' 참고)

방법

A4용지에 거의 꽉 차도록 세 개의 항아리를 그린다(p. 194의 예시 참고). 각 항아리에 '중요하지 않은 것' '중요한 것' '아주 중요한 것'이라고 쓴다. 워크시트의 항목을 오려 낸다(부록 5 '워크시트' 참고). 적절하게 목록을 더하거나 뺀 후 아동이 각각에 대해 느끼는 대로 알맞은 항아리에 붙여 보도록 한다. 이것은 여러분이 알고자 하는 것에 대한 아동의 의견이며, 맞거나 틀린 답은 없다는 것을 아동에게 이해시킨다. 아동이 자신에게 알맞은 항아리에 항목을 붙였다면, 하나의 항아리는 꽉 차고 다른 것은 텅 비어 있어도 상관이 없다. 붙이기가 끝나면 아동에게 항

아리에 들어가야 할 또 다른 항목이 있는지 물어본다. 만약 그렇다면, 그것을 알맞은 항아리에 써넣는다(혹은 다른 종이에 그것을 쓰고, 전과 같이 아동에게 항아리에 붙이도록 한다). 몇몇 항목은 항아리 안에 들어가게 하기 위해 기울여 붙일 수도 있다. 일단 완성이 되면 아동의 선택에 대해 논의해 보자. 그리고 그들의 반응이 얼마나 특별하고 중요한지를 강조하자.

 중요한 상자

이 활동은 각 분류를 균형 있게 채우고 싶어 하는 아동에게 더 알맞다. 부록 1을 이용하여 3개의 상자를 만든다. 세 항아리에 썼던 분류를 각 상자에 쓴다. 그러면 아동은 워크시트(부록 5 '워크시트' 참고)를 오려 내어 알맞은 상자에 넣는다. 여러분은 그것을 꺼내면서 알맞은 분류 아래에 적는다. '중요한 항아리'에서와 같이 아동과 논의해 본다.

 참고하세요

- 6장의 '스스로 대화하기'
- 6장의 '미래의 프로필'
- 9장의 '재구성'

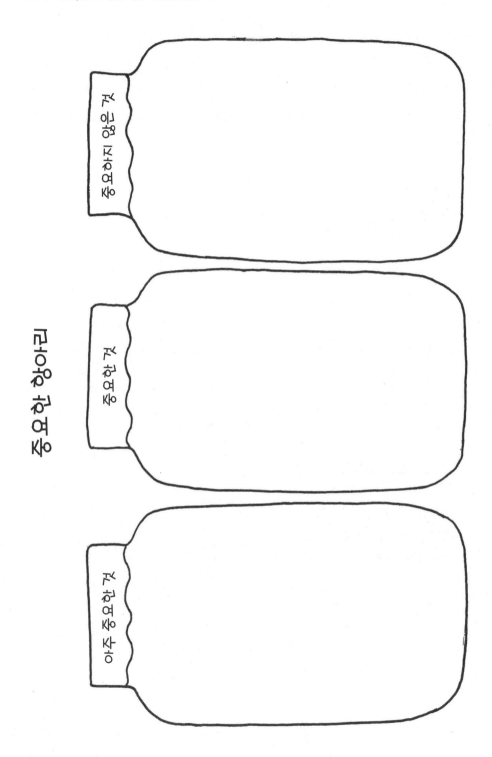

재구성
만 12세 이상

목표

부정적인 생각을 보다 긍정적인 생각으로 바꾸는 인식 기술을 가르친다. 예를 들어, 일기장을 써 보는 방식으로 아동 자신이 부정적인 생각을 가지고 있음을 깨닫도록 한다.

준비물

백지 카드 한 세트, 펜, 검정 혹은 남색 펜, 은색 혹은 노란색 펜

방법

아동에게 상황을 바라보는 관점은 여러 가지임을 설명하자. 한 가지 방법으로는 부모-교사의 역할극을 하는 것이 있다. 이를 통해서 아동은 교사와 부모의 마음이 어떤지를 상상하고 토론을 하게 된다. 그리고 나서 한 사건이 어떻게 여러 가지 방식으로 해석될 수 있는지 토론해 보는데, 예를 들어, 점심 급식 줄에 어떤 사람이 앞으로 끼어든다면 이것은 다음과 같은 의미일 수 있다.

- 그 사람을 누군가가 밀쳤다.
- 그 사람은 끼어들려고 한다.
- 그 사람은 중심을 잃었다.
- 그 사람은 당신에게 반했다.

그 사건은 좋은 측면 혹은 나쁜 측면으로 해석될 수 있고, 아동의 부정적인 생각은 보다 긍정적인 관점으로 해석될 수 있음을 인식하도록 이끈다.

일기장 혹은 논의에서 언급된 아동의 부정적인 생각을 각 카드에 적고, 검은색 혹은 남색('축 처지는 기분'을 뜻함) 펜으로 테두리를 그린다. 처음에는 6~8개를 그린다. 아동에게 각각의 카드 뒷면에 한 가지 혹은 그 이상의 긍정적인 '재구성'을 써 보도록 한다. 아마 아동이 이것을 해내는 데 도움이 필요할 것이나, 여러분의 도움을 최소화한다. 뒷면의 '재구성'은 은색('괴로움 뒤에 즐거움이 온다'를 뜻함) 혹은 노란색('밝은 생각'을 뜻함)으로 테두리를 만든다. 각각의 생각을 아동과 논의하면서, 모든 문제는 기회로 재발견되기를 기다리고 있는 신호라는 생각을 아동에게 심어 준다.

숙제로, 아동에게 빈 카드 몇 장을 주고, 그들의 부정적인 생각을 머릿속에서 '잡아' 적어 오도록 격려한다. 그러면 그들은 나쁜 생각을 카드에 쓰고(한 장에 한 가지 생각) 반대편에 재구성을 할 수 있다.

 참고하세요

- 6장의 '명확한 사고'
- 6장의 '스스로 대화하기'

나는 ……라고 생각해요
만 12세 이상

 목표

아동의 자아를 정립하도록 돕고, 그것에 힘을 실어 준다. 이 활동은 특히 자신이 누구인지에 대한 통찰력을 잃은 아동, 예를 들면 학대를 당하고 여러 곳을 옮겨 다니며 위탁 보호를 받거나 보호자의 갑작스러운 죽음을 맞은 아동에게 유용하다.

 준비물

A4용지, 색연필, (변형을 위해서는) 얇은 카드와 가위

 방법

모든 문장이 '나는 ……라고 생각해요'로 구성되며, 그 문장을 완성하는 것이다. 아동이 처음 몇 개의 문장은 스스로 만들 수 있겠지만, 새로운 영역을 망라할 수 있도록 여러분의 신속한 제안과 도움이 필요할 것이다. 여러분이 사용할 수 있는 몇 가지 예시는 다음과 같다.

나는 ……라고 생각해요

- 나의 장점은 ……라고 생각해요
- 나의 약점은 ……라고 생각해요
- 나의 부모님은 ……라고 생각해요
- 일반적인 가족은 ……라고 생각해요
- 나의 가족은 ……라고 생각해요
- 나의 형제 혹은 자매는 ……라고 생각해요
- 학교는 ……라고 생각해요
- 환경은 ……라고 생각해요
- 나의 종교는 ……라고 생각해요
- 돈이란 ……라고 생각해요
- 우리나라는 ……라고 생각해요
- 교육이란 ……라고 생각해요
- 운동이란 ……라고 생각해요
- 맹세란 ……라고 생각해요
- 동물은 ……라고 생각해요
- 미래는 ……라고 생각해요

일방적으로 판단하지 않는 자세를 가지고 아동의 믿음에 대해 논의해 본다. 아동의 믿음이 자신이 누구인지 알아 가는 데 어떤 도움을 주는지, 그리고 다른 사람도 다른 종류의 믿음을 가지고 있다는 것을 이해하도록 돕는다.

 ## 믿음 굳히기

본인의 정체성에 대한 감각을 찾는 데 공을 들일 필요가 있는 아동과는 '나는

······라고 생각해요' 활동을 마친 후, 어떤 믿음이 그들에게 가장 중요한지 물어
본다. 믿음을 카드에 하나씩 써서 아동이 가지고 다니거나 자주 볼 수 있는 곳에
붙여 두고, 아동이 자신의 믿음을 굳힐 수 있도록 한다.

 참고하세요

- 1장의 '내 세상'
- 1장의 '문장 완성하기'
- 6장의 '미래의 프로필'
- 9장의 '나의 장점'
- 9장의 '중요한 항아리'
- 10장의 '최고의 업적'
- 10장의 '지금까지의 이야기'

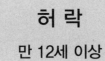

허 락
만 12세 이상

목표

자기비난을 줄이고 용기를 북돋는다.

준비물

A4용지, 펜, (변형을 위해서는) 카드 뭉치

방법

자기비난에 대해, 완벽한 사람이 얼마나 없는지에 대해 그리고 변하고자 하는 용기에 대해 이야기해 본다. 우리는 자신이 되고자 하는 것이 되고, 우리 자신을 사랑하고, 자신을 도울 수 있도록 스스로 허락한 존재임을 이야기한다. 아동과 함께 아동이 어떤 영역의 일에 공들이고 싶어 하는지를 논의해 보고, 일련의 허락 사항을 생각해 본다. 다음은 그 예시다.

허락의 예시

- 교실에서 내 의견을 말하는 것은 괜찮다.
- 실수하는 것은 괜찮다.
- 나는 반에서 1등을 하는 데 아무런 문제가 없다.
- 나는 일주일에 한 번쯤 거품목욕을 할 자격이 있다.
- 적당한 선에서 단 것을 먹는 것은 괜찮다.

허락 목록을 종이에 받아 적고, 아동이 그것에 합리적인 이유를 붙일 수 있도록 각각의 허락에 대해 이야기해 보자. 바라건대 아동이 자신에게는 허락을 따를 권리가 있음을 믿게 되기를 바란다. 아동이 언제든지 상기할 수 있도록 허락 목록을 집에 가져가게 하자.

 허락의 힘

허락 목록은 카드 뭉치에 쓸 수 있고, 아동이 힘을 필요로 할 때 볼 수 있도록 지니고 다니게 할 수 있다. 아동에게는 카드를 들여다보는 것을 상기시켜 줄 무언가가 필요하다. 이를테면 필통이나 시계에 별 모양 스티커를 붙여 표시할 수 있다. 그러나 친구가 보게 돼서 아동이 당황하는 등의 일이 없도록, 기억을 돕는 물건이 지나치게 눈에 띄지 않도록 한다.

참고하세요

- 6장의 '스스로 대화하기'
- 6장의 '미래의 프로필'
- 9장의 '나의 장점'
- 9장의 '재구성'
- 9장의 '나는 ……라고 생각해요'

Chapter 10

진행 상황 재점검

아동과의 치료가 막바지에 다다르면서 여러분이 해
온 작업을 검토해 보는 것은 아주 중요하다. 하지만 각
작업을 무미건조하게 대충 훑어본다면 아동은 지루해할
것이다. 따라서 이번 장에 포함된 활동 중의 하나를 함
으로써 아동은 훨씬 더 즐겁게 재점검을 할 수 있다. 이
활동은 치료사가 아동에게 일어난 변화를 재점검해 볼
수 있도록 하며, 어떤 작업이 아동에게 더 필요한지를
파악할 수 있도록 한다. 이 책에 포함된 다른 많은 활동
도 재점검 활동으로 각색될 수 있다. 재점검은 종료의
시작점을 나타내며, 아동이 자신의 진척 사항에 대해 칭
찬을 받는 것은 중요하다. 아동이 회기의 중단을 처벌로
생각하지 않도록 하는 것 또한 중요하다. 장기간에 걸친
어떠한 후속 회기라도 이번 장에서 정하는 것이 좋다.

최고의 업적
만 5세 이상

목표

아동의 자존감과 자신감을 다지기 위해 긍정적인 업적에 초점을 두고 그것을 강조한다.

준비물

A3용지 혹은 A4용지, 펜, 별 모양 스티커

방법

아동이 종이의 가운데에 자신의 이름을 쓰게 한다. 아동의 이름 주위로 그들의 최고의 업적을 쓴다. 만약 아동이 자신의 업적에 대해 어렵게 생각하는 것 같으면, 먼저 업적의 목록을 만들고('내가 잘하는 것' '내가 탄 상' '회기에서 내가 배운 것' '선생님이 나로 인해 기뻐한 순간' 등), 그 목록을 이름이 적힌 종이에 적도록 한다. 아동이 원하면 그림을 그릴 수도 있다. 아동의 업적에 대해 논의하면서 본인에 대해 자신감 있고 자랑스럽게 느끼도록 하고, 자신의 노력이 좋은 결과를 낳는다는 것을 믿게 한다. 여러분과 아동이 각각의 업적에 대해 이야기하면서 그 업적 위에 별 모양 스티커를 붙인다. 아동 혹은 보호자가 집에서 눈에 잘 띄는 곳, 예를 들어 침실 벽 같은 곳에 걸어 두도록 한다.

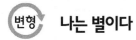

나는 별이다

'최고의 업적'에서는 각 프로그램의 목표가 아동의 업적 포스터에 추가될 수 있는데, 진행과 성공을 축하하는 방식으로 이용할 수도 있고 행동 프로그램으로 차용될 수도 있다. 예를 들면 '엄마가 위층으로 가고 난 뒤에도 나는 내 침대에 머물 수 있다' '나는 내 침대에서 밤새도록 있을 수 있다' 등이 있다. 각 단계가 업적으로 나아갈수록 아동은 '최고의 업적 포스터'에 붙일 별 모양 스티커를 추가로 획득할 수 있다.

참고하세요

- 1장의 '문장 완성하기'
- 9장의 '나는 ……라고 생각해요'
- 10장의 '과거, 현재, 미래'
- 10장의 '지금까지의 이야기'

과거, 현재, 미래
만 8세 이상

목표

아동이 변화한 방향을 알아보고, 계속적으로 변화할 것인지도 알아본다. 이 활동은 회기를 진행하는 동안 진척 사항을 재점검하도록 고안되었다.

준비물

A4용지, 펜

방법

기본적으로 이 활동은 간단하게 종이와 펜을 가지고 아동의 삶의 측면에 대한 목록을 작성하는 것이다. 제목을 '나의 삶'이라고 붙인다(또는 이미 작업한 것이 있다면 그것을 내놓는다).

종이를 네 단락으로 나눈다. 첫 단락에 제목을 넣지 말고, 나머지 세 단락에 '과거' '현재' '미래' 혹은 아동이 원한다면 '그때' '지금' '곧'이라고 써넣는다. 아동의 삶과 관련된 측면, 이를테면 '내가 어떻게 행동했었나'와 같이 쓰고, 이것을 첫 번째 단락에 어떻게 요약해서 쓸 수 있는지 보여 준다. 그것을 이용해서 아동이 얼마나 변화했는지 논의해 보고, 과거와 현재의 단락에 문장을 채워 넣는다.

세 번째 단락은 아동의 현실적인 소망과 희망을 포함해야 한다. 다음은 가능한 측면이 될 수 있다.

- 나의 친구
- 나의 행동
- 나의 교육
- 즐기는 것
- 화나는 것
- 행복한 것
- 내 주머니 속의 돈
- 정돈하며 살기
- 내가 가장 좋아하는 음악
- 학업에 대한 나의 태도
- 나의 버릇

목표는 아동으로 하여금 자신의 삶이 나아지고 있음을 명확히 깨닫게 해 준다. 그러므로 아동이 실패하기보다는 성공할 수 있도록 더 많은 항목을 시도해 본다. 만약 아동이 몇몇 측면에서 실패를 한다면, 세 번째 단락에서는 긍정적인 무언가를 결정하도록 격려한다. 아동의 발달 단계 때문에 몇몇 항목은 아마 악화될 텐데, 이것을 언급하는 것은 유용할 것이다. 예를 들어, 십 대는 예전에는 부모님과 대화가 가능했지만 현재는 그렇지 않다는 것을 깨닫게 될 것이다. 그들에게 자신이 독립적으로 변함에 따라 관계가 변하는 것은 자연스러운 일이라는 것을 깨닫도록 돕자. 하지만 그들이 성인이 되어 감에 따라 더 가까운 관계로 발전할 수도 있다. 자신의 목표로 나아가는 방법에 대해 논의해 보자.

삶의 방식

　이 활동은 과거, 현재, 미래를 비유적으로, 즉 지금까지의 경험은 좁은 길로 그리고 미래에 대해서는 초원으로 그릴 수 있는 예술적인 재능을 가진 아동에게 적합하다. 그들은 좁은 길 위에 장애물은 바위로, 멋진 이벤트는 특별한 장소 혹은 꽃 등으로 묘사할 것이다. 드넓은 초원에는 미래의 계획이 소망과 희망을 나타내는 무지개와 같은 그림으로 채워질 것이다(p. 209의 예시 참고).

　아동은 보통 이 활동을 하면서, 특히 초원을 채우며 많은 용기를 얻는다. 만약 아동이 자신의 미래에 대해 굉장히 열정적이 된다면 여러분은 그들이 생각하는 모든 것을 그려 넣을 수 있도록 다른 종이를 이어 붙일 수도 있다.

 참고하세요

• 6장의 '미래의 프로필'
• 10장의 '과거, 현재, 미래'
• 10장의 '지금까지의 이야기'

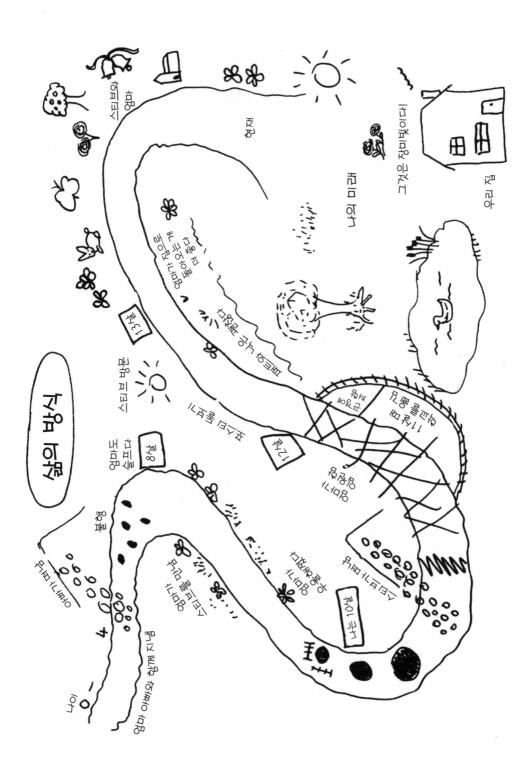

지금까지의 이야기
만 8세 이상

목표

달성한 것과 달성하지 못한 것을 기록한다. 특히 이 활동의 변형은 입양되었거나 위탁 보호를 받는 등의 어려운 환경을 감당하는 아동에게 유용하다.

준비물

프로젝트 폴더, A4용지, 펜, 종이, (가능하다면) 여러 종류의 사진

방법

기본적으로 이 활동은 모든 작업을 치료사와 협력하는 것이다. 하지만 이 활동은 변형과 혼합해서 사용할 수도 있다.

폴더는 여러분이 아동과 함께 해 왔던 모든 치료상의 작업을 재점검하면서 이야기 형식으로 만들어질 것이다. 치료를 완료하면서 이야기를 마무리하는 것이 가장 좋다. 여러분이 가지고 있는 어떤 메모나 아동이 했던 어떤 작업으로든 되돌아간다. 아동과 함께 그들이 무엇을 배웠고, 어떻게 변화되었는지도 포함하여 유쾌하게 묘사하도록 한다. 도중에 아동이 기억할 만한 실제 사건도 몇 가지 포함하도록 한다. 예를 들어, 아동이 여러분의 방에서 여러분이 만든 '방의 규칙'을 지키

기 매우 어려워했었다고 하자. 만약 이 규칙이 가끔 필요 없을 때가 생겼다면 그것은 아동의 진전을 의미하며, 아동은 본인이 방에서 어떻게 행동해야 하는지 아는 것이 얼마나 자랑스러운지에 대해 쓸 수 있다.

이 활동은 아동의 개별 작업이 없었다면 묘사하기 어렵지만, 여기에는 몇 가지 황금률이 있다.

- 긍정을 유지한다. 만약 아동이 진전하지 못한 영역이 있으면 미래에 그를 도울 수 있는 아이디어를 써넣자.
- 만약 아동이 관련은 없지만 그래도 자신이 달성한 어떤 것을 생각해 낸다면, 어쨌든 그것을 포함한다. 만약 그것이 유도, 발레, 복싱이라고 하더라도 그들은 달성하는 중이다.
- 회기에서 아동이 진전을 보인 것을 일상생활에 연결지으려 노력한다. 예를 들어, '나는 내 감정을 잘 조절하는 법을 배워서 내 여동생에게 더 착하게 굴었고, 엄마는 나를 내 방으로 자주 내쫓지 않는다.'와 같다.
- 폴더를 명랑하고 알록달록하게 꾸민다.
- 여러분은 마지막 장에 '이 증명서는 …가 ~를 달성했음을 증명함.' 과 같은 글이 쓰인 업적 증명서를 넣을 수 있다. 서명과 날짜를 써넣어서 증명서를 공식적인 것처럼 보이게 한다.
- 미래를 바라보며 긍정적으로 끝을 맺는다.

 지금까지의 내 삶

이 활동에는 몇 번의 회기가 필요하다. 이것은 기본적으로 아동 자신의 삶과 감정에 연관된 의미 있는 사건의 기록을 담은 자서전이다. 또한 이 활동은 자신이 누구인가에 대해 초점을 둔다. 그것은 구상된 아동의 삶을 따라 계속 폴더를 만들어 가는 형태를 취한다. 가족 나무, 학교 출석, 이사, 다른 가족으로의 이동(해당

상황이라면), 휴일, 취미 등을 포함한다. 아동에게 그것을 삽화로 그리게 해도 되지만 가능하면 인물과 장소를 나타내는 사진을 사용하도록 한다. 아동을 보채지 않는다. 그 순간의 사건과 관련된 아동의 감정을 표현하도록 격려하자. 여러분은 특별한 문제를 탐색하기 위해 이 책에 있는 몇 가지 다른 활동을 사용해 보기를 원할 수도 있다. 이를테면 사별을 다루는 회기의 마지막에서는 아동이 자신이 누구인지에 대한 긍정적인 감정을 갖도록 하는 것이 중요하다. 예를 들어, 여러분은 아동이 문제 상황을 어떻게 통제하는지, 그리고 지금의 기분이 어떤지 혹은 자부심이나 자아성에 대한 활동으로 마무리 짓고 싶을 것이다.

폴더의 분류 순서에 얽매이지 말자. 여러분이 만일 순서를 힘겨운 때부터 행복한 때로 넘어가도록 한다면 아동의 정서적 무게를 줄일 수 있다. 여러분이 각각의 것을 분리된 페이지에 조금씩 넣는다면, 이후에 시간 순서에 따라 정렬하기에 좋다. 이는 나중에 아동이 어떤 정보를 떠올렸을 때 그것을 쉽게 추가할 수 있다는 장점도 있다.

많은 아동은 '지금까지의 내 삶'을 업데이트하기를 좋아한다. 따라서 여러분과의 회기 이후에도 아동이 중요한 사건이나 업적의 기록을 추가할 수 있도록 허락하는 것을 명심하자.

 참고하세요

- 1장의 '내 세상'
- 5장의 '끔찍한 뱀과 마음에 드는 사다리'
- 5장의 '나만의 길'
- 6장의 '미래의 프로필'
- 7장의 '나의 기억 책'
- 9장의 '나의 장점'
- 10장의 '최고의 업적'
- 10장의 '과거, 현재, 미래'

부 록

부록 1. 상자 견본

상자 만들기 설명

견본을 A4용지에 맞는 사이즈까지만 확대하자(치수는 약 4.5cm×4.5cm×3cm가 된다). 견본을 얇은 카드 위에 놓고 테두리를 따라 그린다. 가장자리를 잘라 낸다. 접어야 하는 부분을 연하게 표시하고, 정해진 선을 접어 상자 모양을 만든다. 날개 부분을 접어 풀을 묻혀 안쪽으로 붙인다.

만약 여러분이 카드 우편함을 만들려고 한다면 상자 윗부분의 가운데에 좁은 틈을 절개할 수 있다.

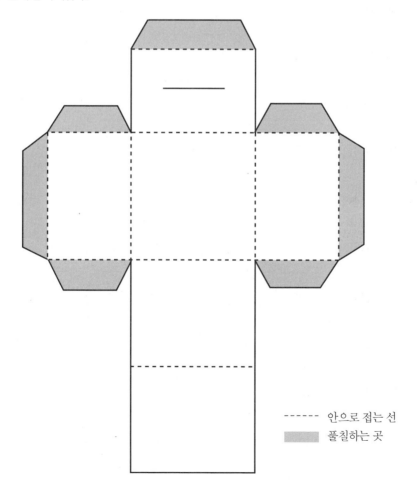

- - - - - - 안으로 접는 선
▓▓▓▓ 풀칠하는 곳

부록 2. 기분의 척도

이름 .... 날짜 ....

지난주 동안 나는 어떤 기분을 느꼈을까?

	전혀 그렇지 않다						매우 그렇다
행복하다	0	1	2	3	4	5	6
친절하다	0	1	2	3	4	5	6
걱정스럽다	0	1	2	3	4	5	6
힘이 넘친다	0	1	2	3	4	5	6
짜증이 난다	0	1	2	3	4	5	6
겁이 난다	0	1	2	3	4	5	6
화가 난다	0	1	2	3	4	5	6
게으르다	0	1	2	3	4	5	6
다른 사람들과 다르다	0	1	2	3	4	5	6
자신감이 넘친다	0	1	2	3	4	5	6

부록 3. 긴장 풀기

이름 ....   날짜 ....

긴장 풀기 운동을 하기 전과 후의 네 기분은 어떠니? 10점을 기준으로 10점은 매우 편안한 상태, 0점은 매우 긴장한 상태로 점수를 매겨 보자. 조금씩 더 긴장했거나 이완된 것에 따라 다양한 숫자를 사용할 수 있다는 것을 기억하자.

매우 긴장된다   매우 편안하다

| 0 | 1 | 2 | 3 | 4 | 5 | 6 | 7 | 8 | 9 | 10 |

날짜와 시간	하기 전	하고 난 후

부록 4. 단어 찾기

이름 .... 날짜 ....

여기에 여러분만의 단어 찾기를 위한 격자무늬 판이 있다. 철자를 네모 칸 안에 명확하게 쓰자. 단어는 위아래로, 대각선으로, 반대 방향으로도 갈 수 있다. 만약 단어가 매우 길거나 구문이라면, 여러분은 그것을 동그라미 모양으로 만들 수도 있다.

여러분의 단어를 쓴 후, 나머지 부분에 다른 철자를 채워 넣자.

여러분의 단어 찾기는 무엇에 관한 것인가? ....
....

....

....

....

....

....

....

....

....

....

....

....

중요한 항아리

다음의 항목은 여러분에게 얼마나 중요한가? 다음의 항목을 잘라 낸 후, 그것이 '매우 중요'한지, '중요'한지, '중요하지 않은지'를 나타내기 위해 알맞은 항아리에 붙여 보자.

스스로 즐기기	도움이 되기
정직해지기	부모님을 사랑하기
좋은 매너를 갖기	스스로 선택하기
말한 대로 실천하기	잘 먹기
돈 갖기	똑똑해지기
평온한 생각하기	건강해지기
사랑	스스로 즐기기
행복해지기	아름다워지기
사람들을 믿기	절제력 갖기
자라나기	열심히 하기
편안함 느끼기	친구 만들기
신나는 일	

참고문헌 및 추천문헌

Burnham, J. B. (1986). *Family Therapy: First steps towards a systemic approach.*
London: Routledge.
John Burnham의 책에는 많은 영역의 개념, 기술, 적용법을 소개하고 있다. 이 책은 이론과
구조적인 가족 치료법의 연구를 다룬다.

Dwivedi, K. N. (Ed.) (1993). *Group Work with Children and Adolescents: A handbook.*
London: Jessica Kingsley Publishers.
이 책의 주된 특징은 다양한 작가가 넓은 영역을 다룬다는 것이다. 그룹 활동에 대한 이론
과 연구를 논의한다.

Elliot, M. (1994). *Keeping Safe* (4th edn). London: Hodder and Stoughton.
이 책은 부모가 아동을 안전하게 지키는 방법에 대한 것이다. 이 책은 아동을 학대, 괴롭힘,
마약, 에이즈 등과 같은 위험으로부터 보호할 수 있는 지당한 충고가 포함되어 있다.

Elliot, M. (1995). *Teenscape* (2nd edn). London: Health Education Authority.
『아동을 위한 개인 안전 프로그램』이라는 부제를 가진 이 매뉴얼은 아동에게 '좋은 방어 감
각'을 가르치는 훈련을 제공한다. 주로 학교에서의 사용을 목적으로 하였으며, 귀중한 정보
및 자원 목록을 수록했을 뿐만 아니라 학부모와의 면담을 위한 대본도 포함하고 있다.

Fahlberg, V. I. (1995). *A Child's Journey Through Placement* (UK edn.). London: British
Agencies for Adoption and Fostering.
아동을 돌보는 데 주된 목적을 두었음에도 불구하고, 이 책은 아동과 치료 작업을 하는 모

든 사람에게 넓은 관심을 받는다. 이 책은 행동상·정신상의 문제에 있어서 아동이 어떻게 극복하도록 도울지에 대한 많은 정보가 담겨 있다.

Herbert, M. (1996). *Parent, Adolescent and Child Training Series* (PACTS). Leicester: BPS Books.
PACTS시리즈는 12개의 장으로 구성되어 있는데, 이것은 고객과 상담을 하고 치료 프로그램 계획을 짜도록 고안되었다. 이 책은 매우 광범위한 아동의 문제를 포함하고, 저작권이 해제된 인쇄물, 질문지, 체크리스트, 평가지 또한 포함한다.

Kendall, P. (1991). *Child and Adolescent Therapy: Cognitive-behavioural procedures*. New York: The Guilford Press.
이 책을 함께 만든 공헌자는 인지행동적인 기술을 아동의 정신적 어려움을 돕는 데 사용하였다. 이 책은 지병을 앓고 있는 아동과 부모, 특별한 그룹의 작업을 포함한다.

King, N. J., Hamilton, D. I., & Ollendick, T. H. (1994). *Children's Phobias: A behavioural perspective*. New York: John Wiley & Sons.
이 책은 공포증에 시달리는 아동을 치료하는 데 좀 더 특화되어 있다. 이 책은 이론과 치료적인 연구를 아우르면서, 평가와 치료 진행에 대해 논의할 뿐만 아니라 공포심이 어떻게 일어나는지를 설명한다.

Montgomery, B. (1988). *Getting On With Your Teenagers*. Melbourne: Lothian.
이 책은 부모와 환자를 대하는 치료사에게 목표를 두고 고안되었다. 인지행동적인 접근법을 사용하여 갈등 해결 기술을 명확히 설명했고, 십 대 시기의 발전을 유머러스하게 설명·묘사하였다.

Sanders, M.R. (1992). *Every Parent: A positive approach to children's behaviour*. Reading, MA: Addison-Wesley Publishing Company.
이 책은 부모를 위해 쓰였다. 매우 이해하기 쉬운 설명으로 광범위한 아동의 공통적인 문제를 다룬다. 이 책은 긍정적인 관리를 장려하는 많은 실용적인 아이디어를 제공한다. 책의 끝에서는 기능적인 분석과 프로그램 계획에 대해 설명하고 있다.

Webster-Stratton, C. (1992). *The Incredible Years*. Toronto: Umbrella Press.
3~5세의 아동을 둔 부모를 돕기 위해 쓰인 책이다. 이 책은 긍정적인 행동 관리와 공동적
인 행동 프로그램의 중요한 부분을 포함한다. 이 책은 칭찬의 중요성, 제한된 환경, 여러분
이 아동과 놀이를 어떻게 해야 하는지 등을 설명하고, 효과적인 의사소통과 문제 해결을 위
한 상당한 정보와 충고를 포함한다.

찾아보기

저자 소개

Angela Hobday
이학학사, 이학석사(임상심리학 전공), 영국심리학회 정회원이며, 현재 영국의 국가의료서
비스기관(NHS)인 킹스린-위스벡병원 산하 '아동청소년 임상심리서비스'의 센터장을 맡고
있다.

Kate Ollier
이학학사, 응용아동심리학 전문석사, 심리학석사이며, 영국에서 동 센터에 몸담았었다. 현
재 호주에 머물면서 장애인서비스위원회 및 밀드레드자폐아센터와 협력하고 있다.

역자 소개

임호찬
경북대학교 대학원 졸업(심리학 박사)
현) 나사렛대학교 심리재활학과 교수
　　애리조나 주립대학 연구원
　　미국 심리학회 정회원

〈주요 활동〉
『미술치료 입문(Handbook of Art Therapy)』(역, 학지사, 2005)
한국 (비언어성)레이븐 지능검사 표준화연구
한국 아동 · 청소년 성격검사 표준화연구 등

최금란
가톨릭관동대학교 일반대학원 졸업(교육학 박사)
현) 가톨릭관동대학교 교직과 겸임교수
　　강원미술심리치료센터 소장
　　(사)한국가족상담심리연구소 대표이사

〈저서〉
학교상담과 생활지도(공저, 태영출판사, 2015)
행동하는 심리학(공저, 한국심리과학센터, 2016)

아동 · 청소년을 위한
창조적 치료기법
-미술 활동을 중심으로-
Creative Therapy: Activities with Children and Adolescents

2016년 9월 10일 1판 1쇄 인쇄
2016년 9월 20일 1판 1쇄 발행

지은이 • Angela Hobday · Kate Ollier
옮긴이 • 임호찬 · 최금란
펴낸이 • 김진환
펴낸곳 • (주) **학지사**
　　　　　04031 서울특별시 마포구 양화로 15길 20 마인드월드빌딩
대표전화 • 02)330-5114　　　팩스 • 02)324-2345
등록번호 • 제313-2006-000265호

홈페이지 • http://www.hakjisa.co.kr
페이스북 • https://www.facebook.com/hakjisabook

ISBN 978-89-997-1078-0 93180

정가 14,000원

이 도서의 국립중앙도서관 출판시도서목록(CIP)은 서지정보유통지
원시스템 홈페이지(http://seoji.nl.go.kr)와 국가자료공동목록시스템
(http://www.nl.go.kr/kolisnet)에서 이용하실 수 있습니다.
(CIP제어번호: CIP2016020957)

교육문화출판미디어그룹 **학지사**
심리검사연구소 **인싸이트** www.inpsyt.co.kr
원격교육연수원 **카운피아** www.counpia.com
학술논문서비스 **뉴논문** www.newnonmun.com